历史之教训

谢　普◎编著

台海出版社

图书在版编目（CIP）数据

历史之教训 / 谢普编著. -- 北京：台海出版社，
2025. 2. -- ISBN 978-7-5168-4105-1

Ⅰ. K22

中国国家版本馆CIP数据核字第2025NR8516号

历史之教训

编　　著：谢　普

责任编辑：姚红梅　　　　　　　　　封面设计：李舒园
策划编辑：彦普书坊

出版发行：台海出版社
地　　址：北京市东城区景山东街 20 号　　邮政编码：100009
电　　话：010-64041652（发行，邮购）
传　　真：010-84045799（总编室）
网　　址：www.taimeng.org.cn/thcbs/default.htm
E-mail：thcbs@126.com

经　　销：全国各地新华书店
印　　刷：北京一鑫印务有限责任公司
本书如有破损、缺页、装订错误，请与本社联系调换

开　　本：640毫米×910毫米　　　　1/16
字　　数：110千字　　　　　　　　印　　张：10
版　　次：2025年2月第1版　　　　印　　次：2025年2月第1次印刷
书　　号：ISBN 978-7-5168-4105-1

定　　价：59.00元

前　言

读史使人明智，鉴往而知未来，借历史之慧眼，知善恶，明得失，辨忠奸，懂做事，会做人。对一个国家而言，历史是前人经验和教训的沉淀，也是未来的导向。对于个体而言，历史是我们学习的知识宝库，是智慧之源，也是推动我们不断前进的动力所在。

千百年来，尽管服饰在更迭，语言在演变，制度在更新，可人们的喜怒哀乐却没有多大变化，相似的事情总在不断上演。有人为了理想奋不顾身，慷慨赴义，忍辱负重；有人却秉性恶劣，见利忘义，唯利是图。百人百事，千人千态，我们现在遇到的难题，千百年前，古人早已经历过了，也总结出了很多经验教训。而读史，就是在品读前人的选择结果，进而吸取宝贵的经验与教训。这也体现了历史教育的价值在于它提供了一面镜子，供我们反思过往，规划未来，从而做好自己的人生选择题。

正是基于此，我们编写了《历史之教训》一书。书中通过一个个精彩、生动的故事，讲述了不同历史时期，一些历史人物成长、生活、待人处世、为官从政等方面的经验与教训。而作为快速发展的当今社会中的个体，我们更需要以史为鉴，看他们如何见微知著，在险境中生存下来；看他们如何明察秋毫，在变幻莫测的世界中顺势而为；看他们如何知人善用、慧眼识才，成就非凡的事业；看他们如何克己修身、坚守情操，被后世所传颂；看他们如何胜而不骄，败而不馁，修炼强大的内心，不随波逐流。

让我们翻开此书，学习谋略，以史明智，从历史的眼泪中吸取教训，构建自己的大格局和大智慧。

目　录

第一章

见微知著，适者生存

沉着冷静，智者生存

在日常生活中，我们难免会遭受他人的攻击和诬陷，能否摆脱被"欺负"的命运，就得看个人的智慧了。沉着冷静地处理危机，是克敌制胜的一大法宝，这样才能保证自己的人身安全和财产安全。

战国时期，张仪和陈轸是秦惠王的门客，两人位高权重，不分伯仲，但是他们相处并不和睦，所以经常在秦惠王面前争宠"斗法"。后来，张仪产生了嫉妒之心，因为他认为陈轸才能出众，担心他超越自己，也害怕有朝一日秦惠王会冷落自己，更加重用陈轸。

于是，他伺机在秦惠王面前构陷陈轸。

有一天，张仪对秦惠王说："大王经常派遣陈轸去楚国处理事务，但是楚国对秦国并不似从前那般友好，反而对陈轸非常好。可见陈轸是在为自己谋私利，并不是一心一意报效秦国。而且我听说陈轸为了一己私利甚至会把秦国的机密泄露给楚国。作为您的臣子，怎么能这样做呢？我不愿再同这样的人在一起做事。最近我又听说他打算离开秦国到楚国去。"

秦惠王听了张仪的这番话非常生气，立刻召见了陈轸。一见面，秦惠王就对陈轸说："听说你想离开我秦国，准备去哪儿去呢？"

陈轸听闻此话，感到莫名其妙，睁大了双眼直盯着秦惠王。陈轸沉思片刻，感觉秦惠王话中有话，于是镇定自如地回答："我准备前往楚国。"

"张仪所说不假！"秦惠王心想，这时更加相信张仪所说的话了。于是他慢条斯理地说："可见张仪的话不假了。"

"竟然是张仪在背后说我的坏话！"陈轸这下全明白了。他没有马上回答秦惠王的话，而是挺直了腰板，不慌不忙地解释说："这事不单是张仪知道，很多人都知道。我如果不忠于大王您，楚王又怎么会接纳我做他的臣子呢？我忠心耿耿，却被人怀疑，看来只能去楚国了！"

秦惠王听后，连连点头称是，但又问道："你将我秦国的机密之事泄露给楚国是怎么回事呢？"

陈轸坦然一笑，对秦王说："大王，我这是将计就计，是在配合张仪的计谋，用来证明我不是楚国的奸细呀！"

秦惠王听后一头雾水，望着陈轸发愣。

陈轸坦然自若地说："我听过这样一个故事，说是楚国有个人有两个小妾。他的邻居看上了年纪大一些的妾，想方设法勾引她，邻居却被那个妾骂得狗血淋头。邻居还是不死心，又去勾引年纪轻一点的妾，年轻的妾对他很热情。后来，那个楚国人死了。有人就问那个勾引两个妾邻居，'如果你要娶她们做妻子的话，你会选择谁呢？'他回答说，'我会娶年纪大些的妾'。'年纪大的骂你，而年纪轻的喜欢你，你为什么选择那个年纪大的呢？'他说：'我当然希望她答应我。但是她辱骂我，这证明她对自己的丈夫很忠诚。如果做我的妻子，我希望她对我也忠贞不渝，对那些勾引她的人做到置之不理'。大王您想想看，我身为楚国的臣子，如果我常把秦国的机密传给楚国，楚国会信任我、重用我吗？楚国会收留我吗？我是不是楚国的同党，大王您应该知道了吧？"

秦惠王听完陈轸的解释，消除了心中的猜忌，更加善待陈轸。陈轸凭借口舌之利，既击破了谗言，又巩固了自己在秦国的地位。

鉴历史 得智慧

沉着冷静应对突然降临的危机，是一种难得的能力。只有保持冷静，做到临危不惧，才能化逆境为顺境。许多情况下，越是到了最困难的时候，越是开始发生转机的时候，此时坚持住就会看到新的曙光。如果一碰到逆境就手忙脚乱、惊慌失措，也是无能的一种表现。所以，在日常生活中，我们应该着力养成笑对风云变幻的心态，遇到问题时镇定自若，只有这样才能在处理问题时游刃有余。

过犹不及，适可而止

古人云："恩不可过，过施则不继，不继则怨生；情不可密，密交则难久，中断则疏薄之嫌。"

这句话的意思是，施恩不可以过重，因为过多的施舍是不能长久持续的，如果中断施舍对方很容易产生怨恨；交情不可太过密切，因为密切的交往是很难保持长久的，如果密切的交往中断，就让人有了疏远冷淡的嫌疑。这句话让我们明白，任何事情都不能过了头，而如何能做到中庸是一门博大精深的学问。

一次，子贡在跟师父孔子谈论师兄弟的性格优劣时，提出了一个问题："先生，请问子张与子夏两人相比，谁更好些呢？"

子张是颛孙师，子夏是卜商，他们都是孔子的得意弟子。

孔子沉思了片刻说："子张过头了，子夏没有达到标准。"

子贡接着说："是不是子张要好些呢？"

孔子说："过头了与没有达到标准是一样的，都是没有把握好'度'的表现。"

有一天，孔子和弟子们在鲁桓公的庙堂里看到一个器物，它特别容易倾斜翻倒。孔子围着这个器物左右打量，还试图转动它，却始终不清楚它究竟是干什么用的，于是就问守庙的人："这是什么器物，是做什么用的？"

守庙的人说："这大概是放在座位右边的器物。"

孔子恍然大悟，拍着脑门说："我听说过这种器物。它里边不装任何东西时就倾斜，装上适中东西时就会保持得端端正正，装满了东西就会翻倒。君王把这种器物当作自己最好的警戒物，所以会放在自己座位的旁边。"

孔子又对弟子说："把水倒进这个器物里面，我们做一下实验。"

子路很快将水端来了，慢慢地将水注入器物里。刚倒一点儿水时，它还是歪歪扭扭的倾斜状；倒了适量的水后，它就保持正立了；水装满后，松开手它又翻倒，多余的水都洒了出来。孔子慨叹说："哎呀！我明白了，天底下哪有装满了却永远不倒的东西呢？！"

子路走到孔子面前，说："天底下有保持满而不倒的办法吗？"

孔子解释道："如果聪明睿智，就用愚笨来调节；如果功盖天下，就用退让来调节；如果威猛无比，就用怯弱来调节；如果富甲四海，就用谦恭来调节。这就是损抑过分，达到适中状态的方法。"

子路听后若有所思，又追问道："古代的帝王在座位旁边放置这种器物，目的是时常令自己警醒，除了这种方法，帝王们还有别的措施防止自己的行为过火吗？"

孔子侃侃而谈道："有老百姓就有统治老百姓的帝王，有国君就有辅佐他的人，以便辅佐的人教导、保护国君，不让国君做过分的事。因此，天子有公，诸侯有卿，卿设置侧室之官，大夫有副手，士人有朋友，平民、工、商，乃至干杂役的皂隶、放牛马的牧童，统统有相关的人来辅佐。有功劳就要得到奖赏，有错误必须要纠正，有患难就要救援，有过失就要更改。自天子以下，人有父兄子弟，来帮助他规避错误。太史记载史事，编写史书，乐师创作诗歌，乐工诵读箴谏，大夫规劝开导，士传话，平民提建议，商人在市场上议论，各种工匠呈献各自的技艺。身份各异的人用不同的方式进行劝谏，从而使国君不至于欺压老百姓。"

子路仍然锲而不舍地问："先生，您能举几个国君的例子吗？"

孔子回答道："没问题，卫武公就是个典型例子。他九十五岁时，还下令说：'从卿以下的各级官吏，只要是拿着国家的俸禄、正担任官职的，要时常训诫、开导我，不至于让我做出错事，不利于国家的发展。我乘车时，在旁边的辅佐人员可以规劝我；我在朝堂上时，应让我多看前代的典章制度；我伏案工作时，可以用座右铭来提醒我；我休息时，左右侍从应告诫我；我处理政务时，应有瞽、史之类的人开导我；我闲居无事时，可以让我多听百工的讽谏。'卫武公时常用这些话来警策自己，防止自己的言行走极端。"

众弟子听后都露出了喜悦之色。他们从孔子的话中领悟了一个深刻的道理：人在任何情况下都要调节自己，使自己的一言一行合乎标准，不过分，也不要达不到标准。

鉴历史　得智慧

在儒家学派里，中庸是很高深的学问与修养。追求恰到好处、适可而止，这是做人处事的一种境界，也是一种哲学理念。比如吃饭，每餐最好吃到适中，也就是说不要因饭菜不合胃口而饿肚子，也不要因饭菜美味可口而饱餐一顿，适可而止，就会有健康的胃口。

孔子讲的中庸，绝不是无谓的折中、调和，而是指为人处世应该慎重选择一种角度，一种智慧。但有人认为孔子讲的中庸就是做事毫无原则，这是对中庸思想的错误理解。

归根结底，中庸思想的本质是过犹不及、适可而止。

淡泊明志，沉浮自如

孙叔敖乃是一名隐士，后被人推荐给楚庄王，没多久做了令尹（宰相）。他善于教化引导人们，在他的辅佐下楚国国泰民安，呈现出一片祥和景象。

一天，有位隐士特意登门拜访孙叔敖，问他："尊贵的人往往有三怨，你知道有哪三怨吗？"孙叔敖回问："您说的三怨是指什么呢？"隐士说："爵位高的人，会招来他人的嫉妒；身居要职的人，君王可能会讨厌他；俸禄高的人，会招来怨恨。"

孙叔敖笑着说："爵位越高，心胸越要谦卑；官职越大，欲望就要越小；俸禄越高，给别人的施舍就会越多。我用这样的办法来避免三怨，您认为可以吗？"

隐士对他的回答很满意，随后就走了。

孙叔敖是这样说的，也是这样做的，虽然避免了不少麻烦，但仕途也异常艰难，他曾几次被免职，又几次被复职。隐士对此很不理解，于是问他："你曾三次担任令尹，也没有感到荣耀；你又三次离开令尹之位，也没有为此忧伤不已。我对此很好奇，现在看你的心态又是如此不急不躁，你有什么过人之处，你的想法是怎样的呢？"

孙叔敖回答说："我没有什么过人之处！我认为官职爵禄的到来是不可推却的，离开也要顺其自然。得与失都不取决于自己，因此才没有觉得荣耀或忧愁。我也不知道官职爵禄会落在谁的身上。落在别人身上，我就不应该有，与我无关；落在我身上，那么别人就不应该有，与别人无关。我的做法是随顺自然，万事随缘，哪里有时间患得患失呢！"隐士对他的一番话很钦佩。

孔子听说了这件事后，感慨地说："在古代，那些拥有真正智慧的人的意志是如此坚定，他们不为美女所诱惑，也不被强盗所威胁。即使是伏羲、黄帝这样的人物也无法与他们相提并论。虽然生死是极其重要的事情，可都不能改变他们的操守，更不用说官位和荣誉了。他们的精神穿越重重大山也不能受到阻碍，潜入深渊也不会被水沾湿，即便身处卑微之地也不感到羞辱。他们的心灵充满着广阔的天地，越是奉献，越是感到内心充实。"

孙叔敖后来身患重疾，临终前对他儿子说："楚王因为我劳苦功高，多次想封赏我土地，我都拒绝了。我死后，楚王为奖赏我生前贡献，必将赐予你土地，但是你一定不要接纳肥沃的土地。在楚国和越国两国交界处，有个地方叫'寝丘'。这个地方土地贫瘠，地名不吉。楚国人信奉鬼神，越国人讲求吉祥，因此楚人与越人都会避而远之，因此该地可长久拥有。"

孙叔敖病逝后，楚王确实要赐给他儿子一块上等的土地，却被孙叔敖的儿子婉拒了，仅请求得到寝丘，楚王答应了他的请求。根据楚国法律，封地不得继承，只有孙叔敖儿子所得封地得到了世袭。

鉴历史 得智慧

孙叔敖的所作所为，理解起来并无难度。然而，付诸实践却不是一般人所能做到的。在利益面前，人们常会做出不智之举，很多聪明人都会因利令智昏而犯错误，犯错之后，悔之已晚。因此，做人多一些淡泊之心，少一些贪婪之情，不会有什么坏处。

释疑避谗的王翦

王翦是秦国杰出的军事战略家，是继白起之后秦国的又一位名将。王翦与其子王贲在助力秦始皇完成统一六国的大业中，贡献卓著，除韩国之外，其他五国均是王翦父子所灭。王翦不仅勇猛果断，而且富有智谋，王翦请田的故事广受传扬。

战国末年，在秦王嬴政的指挥下，韩、赵、魏三国接连被灭，燕王被迫流亡，楚军也屡遭重创。秦王嬴政想要乘胜追击，吞并楚国以实现统一中国的大业。为此，嬴政召集朝中文武重臣，共议攻楚之策。

在攻打燕国时，李信以其卓越的军事才华和英勇的表现屡立战功，因此秦王很赏识他。所以，秦王询问李信："李将军，你看需要多少人马可以吞并楚国呢？"李信年轻气盛，不假思索地回答："我认为二十万人足够了！"秦王对李信的回答表示了默许和肯定。秦王又把目光转向了作战经验丰富的老将王翦，询问他对此事的看法。王翦作为经历过无数次战争洗礼的老将，察觉到秦王倾向于接受李信的意见，但他仍然严肃地回答秦王："要消灭楚军，至少需要六十万的军队。"秦王听了，冷冷地说："哼，哼，看来，王将军果真年老了，竟如此胆小怕事，还是李将军有魄力，我认为李将军的建议更为合适。"于是，秦王就派李信和蒙恬率领二十万大军南下攻楚。王翦因为他的建议未被秦王采纳，就以健康为由辞去官职，返回他的故乡频阳养老了。这时秦军在李信和蒙恬的率领下先后攻占平舆和寝丘，使得楚军节节溃败。接着，李信又乘胜攻陷了鄢、郢，于是引兵向西与蒙恬军会师城父。然而，项燕率领的楚军乘机积蓄力量，楚军趁势尾随追击秦军，三天三夜马不停蹄，最终成功突破秦军的两道防线，杀死了七名都尉。结果，李信的军队损失惨重，大败而归。

秦王得知秦军大败，心中极为震怒。他终于认识到王翦的确有远见，因此，立即将李信查办革职。然后，亲自骑马赶赴频阳，恳请王翦重新出山，统率灭楚大军。见到王翦后，秦王表达了自己的歉意，说："由于寡人没有听从将军的意见，轻信李信，致使秦军遭受耻辱，误了国家大事。如今楚军不断向西挺进，尽管将军身体欠佳，怎能忍心背弃寡人？务必请将军抱病上阵，担任灭楚大军的统帅。"王翦谦逊地回辞道："臣身患疾病，狂暴悖乱，脑筋糊涂，恳求大王另觅良将。"秦王嬴政恳求道："老将军就不要再推辞了。"王翦说："如果大王一定要任用我为灭楚大军的统帅，那么必须提供六十万人马。"秦王连忙说："我将完全依照老将军的建议行事。"

随后，王翦率领浩浩荡荡的六十万大军征讨楚国，而六十万人马几乎是秦国的全部军力。也就是说王翦完全掌握了秦国的兵权，这让秦王嬴政如坐针毡。大军出征的那一天，秦王亲自率领文武百官为王翦送行。王翦深知秦王嬴政生性多疑，喝完饯行酒后，他请求秦王赏赐他大批良田、住宅和园林。秦王听了，笑道："老将军放心地去作战吧。你是秦国的肱股之臣，秦国地大物博，你自然也会拥有荣华富贵的。"王翦说："大王废除了裂土分封制度，我是大王的将领，虽立战功却终不得封侯，所以趁此良机，请求多恩赐些良田、住宅和园林，可保子孙后代衣食无忧。"秦王表示理解王翦的顾虑，并慷慨地答应了他的请求。

王翦到达函谷关后，多次派使者回朝廷，请求秦王恩赐良田、住宅、园林。他的部下对王翦的做法不理解，问王翦："您这样不厌其烦地请求赏赐，是否过于苛求秦王了？"王翦说："不！我如此行事，是为了解除后顾之忧。你们都深知秦王的性格，他粗暴又疑心重。为了灭楚，把秦国六十万大军交给我指挥，他心中必然对我有所疑忌。因此我才多次请求赏赐田宅，以此为子孙打造基业，打消秦王的顾虑，让他认为我并没有什么野心，使他不再疑心我军权在握会威胁到他的王位。"

果然，秦王对王翦的做法非常信任，让他全权指挥军队对楚作战。在不到一年的时间里，秦军成功吞并了楚国。王翦因战功赫赫被晋封为武成侯。

鉴历史 得智慧

有谋略的政治家都知道释疑避谗必须讲究艺术，而非直接辩驳。干事业固然需要像老黄牛一样踏实苦干的精神，但不能只埋头拉车，不抬头看路，而必须时刻警惕来自各方的谗言，消除来自上司的疑忌，这是一种与上司和谐相处的智谋。

居安思危，防患于未然的甘茂

甘茂是一位忠臣名将，秦国武王时期的左丞相。国君秦武王想要先攻打韩国的三川后，最终攻取洛邑。他为了实现秦武王的战略图谋，自告奋勇，提议攻击韩国的宜阳。他对秦武王说："臣愿率领我军为国出征，为秦完成霸业，但请大王允许我以使者的身份到魏国缔结联盟，一同攻打韩国，方便打通去三川的道路。"秦武王听后非常高兴，便任命甘茂为正使、向寿为副使，前往魏国谈和盟攻韩之事。此行非常顺利，秦魏两国达成共同对抗韩国的协议。

此时甘茂却忧心忡忡，他想到，远征宜阳之事如果进展不顺利，就可能会遭到国内臣僚们的非难和诽谤。还有平日里对自己心怀恶念的卑鄙小人也会跳出来在秦武王面前作怪，到时自己远离朝堂，无法及时为自己辩护，他想在出征前请求秦武王召见自己。于是，他对即将回去复命的向寿交代说："在告知大王秦魏和盟成功后，务必请大王稍作忍耐暂缓攻击韩国。你把此事办妥帖了，这次出使的全部功劳都归于你。"向寿依照甘茂所说的向秦武王作了汇报。

秦武王对此感到困惑，并在一处叫息壤的地方召见甘茂询问其原因："既然魏已经和我们结盟，为何还不出兵呢？"甘茂慢条斯理地解释说："请您先听我讲一个故事。"秦武王说："请讲。"甘茂说："在鲁国，有一个与曾参同名的人犯下了杀人罪，全国贴了告示抓捕，谣言传到了曾参母亲耳中时，他母亲正在织布，她并不相信这个消息，手还在不停地织布。又过一会，另一个人来告诉她说，'你儿子杀人了'。曾母不予理会，继续劳作，她的织布动作开始变慢，好像若有所思的样子。片刻后第三个人又来说，'你儿子曾参真的杀了人，并已经逃亡了'。曾母难以平静下来，她当即丢下织布的梭子，马上逃走了。"

讲完这个故事后，甘茂又说："臣自知无法与曾参这位贤明之人相比，但秦王对臣的信任同样也比不上母亲对儿子的信任。宜阳虽然名义上是小县，但它集韩国上党、南阳两地的财物，其实力堪比一个郡。我军千里迢迢，跋山涉水，去攻打宜阳必然困难重重，攻打下它也是一项艰巨且耗时的任务。如果久攻不下，国内就会有人非议下臣，嫉妒、诋毁臣的人可就不止三个了，我身处异地，难以进行自辩，我担心您会如曾母那般弃我于不顾啊。"

秦武王听了甘茂的这番话感慨道："你放心前去吧，我不会听信谗言的。"作为国君，他虽然一再表示不会受到流言蜚语的干扰，但为了使甘茂放心，他还特地和甘茂在息壤结下盟誓。甘茂满怀壮志雄心地去攻打宜阳了，果然不出他所料，作战持续半年后仍未能攻下宜阳。秦国朝堂内对甘茂有怨恨的小人，趁机不断地在秦武王面前挑拨离间。秦武王终于经不住这种一而再再而三的谗言，便下令撤兵召回甘茂。甘茂未作辩解，只是提醒秦武王别忘了在息壤缔结的盟誓。秦武王顿时醒悟，而后又增兵驰援甘茂，最终秦军成功攻占了宜阳，这为宜阳再度进攻三川打下了基础。

鉴历史 得智慧

身为秦国左丞相的甘茂面对政敌的诽谤和猜忌，深知忠诚和信任极易崩塌。于是他施计让秦武王召见自己，又以"曾参杀人"的典故向秦武王表露了自己的担忧。这就是居安思危，防患于未然。事实证明，他并没有过虑，他为自己做的防范措施保护了自己和国家的利益。战国时期的宫廷政治是一场场权力与谋略的较量。甘茂凭借聪明睿智，预测了危机的发生，做到了防患于未然，否则，他可能早就死在了奸臣的谗言之中了。

从这个故事中我们可以看出，没有危机意识的人容易遭受灾难，而有危机意识的人则能够从困境中找到生机。

曾国藩退而不隐，强而不显

在事物达到完美的顶峰时必然转向缺损，极端会转向反面，盈满后转向亏失。懂得"退而不隐，强而不显"，可避免走向衰败。在中国历史上，清朝名臣曾国藩便是深谙此道的典型代表。

清末年间，曾国藩仿照明朝戚继光的营制，创建了一支军队，由于这支军队的主要成员是湖湘子弟，故名"湘军"。湘军有很多特点，如兵种比较齐全，水师、骑兵都有相互协调的营制，曾国藩又制定各种条规，对士兵严加管理。湘军所具有的特点是比较适合当时的战争需要的，所以湘军有一定战斗力。

湘军在攻破金陵后，曾氏兄弟的声望如日中天，达到了极盛，曾国藩被封为一等侯爵，世袭罔替。曾国藩的弟弟曾国荃也被封为一等威毅伯爵。湘军大小将领及有功人员，都论功受赏。那时湘军中官居督抚之职的便有十几人，湘军将领几乎控制了长江流域的水师，曾国藩所保奏的人物，无不如奏授官。

后曾国藩经过反复的斟酌，迅速实施了一系列裁军策略。在战事尚未完全平息时，他便开始规划缩减湘军的规模，担任两江总督期间，他不遗余力地筹集资金，两年时间内不断筹集白银，一旦资金筹措完毕，战事一结束，即宣告裁兵。不要朝廷一文，裁兵费用早已经备足。

同治三年（1864年）六月，湘军攻下天京，取得胜利。八月初旬，曾国藩下达了裁军的指令，一月之间，首先裁去两万五千人，随后又略有裁遣。

鉴历史 得智慧

世上的任何事物认真研究都有其规律可循。月不总圆，花不总红，物极必反。曾国藩深谙此道。所以，在他功成名就封为一等侯爵，世袭罔替之时，他怕树大招风，怕人说他拥兵自重，所以选择急流勇退，自己先行一步自我裁军。这一策略不仅成功地解除了朝廷的疑虑，也为曾氏家族带来了稳定与安宁。

退而不隐，强而不显，大智慧者往往掌握了以退为进的秘诀，为众人敬仰。

谨小慎微，应对身边小人

唐朝时期，杨炎与卢杞皆担任宰相。杨炎善于理财，其文学造诣亦颇高。反观卢杞，除了擅长花言巧语，其余能力则相对欠缺。他嫉贤妒能，常有使不完的阴谋诡计。在外貌方面，二者亦形成鲜明对比，杨炎风度翩翩，卢杞相貌奇丑。同在政事堂办公，到吃饭时，杨炎不愿同卢杞在一张桌子上吃饭，经常寻找理由独自用餐。有人趁机在卢杞面前搬弄是非说："杨大人鄙视你，不愿跟你在一起吃饭。"这无疑加剧了卢杞的怨恨。他故意找杨炎下属官员过错，并上奏皇帝。杨炎知道此事后深感不满，说道："我的手下人的过错，我自己处理，如果我不处理，可以一起商量，他为什么瞒着我暗中向皇上告密？！"两个人的嫌隙越来越大，相互对峙的情况屡见不鲜，常常互相拆台，明争暗斗。

当时，有一个藩镇割据势力梁崇义发动叛乱，德宗皇帝决定派遣另一名藩镇李希烈前往镇压。杨炎觉得不妥，说："李希烈这个人，杀害了对他十分信任的养父而夺其职位，性格残酷无情，尚未为朝廷立下任何显著功绩却不守法度，若他成功平定了梁崇义的起义，将更加难以控制。"

德宗皇帝已经下定了决心，对杨炎说："这件事你无须再管！"杨炎仍对德宗的决定持坚决反对态度，这进一步激怒了早已对他不满的皇帝。

不巧持续的暴雨天使得李希烈一直没有出兵。卢杞意识到这是一次扳倒杨炎的大好时机，便对德宗皇帝说："李希烈之所以迟迟未能出兵，是因为听闻了杨炎的反对之声，陛下何必为了保全杨炎的面子而影响平定叛军的大事呢？不妨暂时撤掉杨炎的宰相之职，以此安抚李希烈，待到叛军被平息后，再重新任命杨炎，这样做并无大碍。"

这番话听上去没有一句伤害杨炎的话，卢杞陷害人的手段就是这么阴险。德宗皇帝轻信了卢杞的言辞，于是罢免了杨炎的宰相职务。

随着杨炎权力的削弱，卢杞便开始独揽大权。为了彻底打倒杨炎，卢杞以各种借口故意找碴以整治杨炎。杨炎在长安曲江池边为祖辈修建祠庙时，卢杞便诬奏说："修建祠庙的那块地方有帝王之气，萧嵩曾试图在此建家庙，但由于当时唐玄宗反对而被迫迁移。现在杨炎又在那里建家庙，必定怀有篡位的野心！"

缺少思考而又听信谗言的德宗皇帝，先将杨炎贬至崖州，随后杀死了他。

杨炎过于固执并轻视对手，把对卢杞的蔑视表现在明处，最终招致不幸的结局。这一件事情告诉人们要警惕身边的小人。

与此相比，郭子仪则表现得非常谨慎。郭子仪每次会见客人的时候，身边会有很多侍女侍奉在他的左右。但是，只要卢杞来拜访他时，郭子仪就会表现得谨小慎微，命令侍女们统统回避，不得出来会客。这令他的儿子很是疑惑，郭子仪是这样回答的："卢杞容貌丑陋，妇人见了没有不笑的。侍女如果不回避，她们肯定会笑出声来的。卢杞心胸狭窄，肯定会记恨在心的。若他日后得势，我们全家恐难生存。"正因为郭子仪如此谨小慎微，最终未受卢杞伤害。

鉴历史 得智慧

小人对人斤斤计较，往往会不依不饶，怀恨在心并伺机报复。另外，小人是不受道德规范约束，也是不讲游戏规则的。因此不可小视小人的危害性。对待小人，最明智的策略是敬而远之，与之保持距离。

狄仁杰智破诬陷局

老子曾说："曲则全，枉则直，洼则盈，敝则新，少则得，多则惑。"这句话的意思是，委屈便能保全自己，屈枉便会直伸；低洼便会充盈，陈旧便会更新；少取便会获得，贪多便会迷惑。委曲求全能够保全自己，是自然界中万物生长、生存过程中不言而喻的事实。

在唐朝武则天专权时期，为了扫清登基称帝的障碍，她先后提拔了武三思、武承嗣、来俊臣、周兴等一众酷吏。她以严刑峻法、奖励告密等手段，实施了高压统治，对有反抗意图的李唐宗族成员、贵族以及官僚们进行了无情的打压，导致李唐宗室贵戚数百人遭杀害，大量大臣家族被灭，而中下层官员的死亡人数更是难以计数。武则天进一步下令在都城洛阳的西门设置"匦"，即用于接收告密文书的意见箱。对于这些告密者，任何官员都无权进行审问。一旦告密内容得到证实，对告密者封官赐禄，即使告密内容不实，并不反坐。随之而来的是告密之风大涨，无辜被株连者不下千万，朝野上下，人人自危。

一次，酷吏来俊臣诬告平章事狄仁杰等人有谋反的行为。为使狄仁杰尽快认罪，来俊臣用尽手段将狄仁杰打入了死牢，然后向武则天提交奏折，提议她发布命令，诱使狄仁杰承认反叛行为，以此作为减刑和免予死刑的条件。狄仁杰突然遭到监禁，既无法与家人联系，也无法面见武则天说明真相，心中焦急万分。狄仁杰知道来俊臣从少年时起就是个诡谲奸诈、反复无常的凶险小人，如今他更是变本加厉，仗着势力贪赃枉法，结党营私，为官期间大兴刑狱，制造各种刑具，判案不讲证据而采用严刑逼供之法，随意捏造证据置人于死地，据说死在他手下的人达到十多万之多。面对这样的境遇，狄仁杰想到了办法……

审讯的日子很快就到了，来俊臣在公堂上宣读完武后诱供的诏书后，狄仁杰随机跪地告饶。他不停地说："我有罪，我有罪！理应受到处罚。"狄仁杰这一招，使来俊臣一头雾水。既然狄仁杰已经招供，来俊臣将计就计，判了他个"谋反是实"，但免去了死罪，等待进一步处理。

来俊臣退堂后，坐在一旁的判官王德寿向狄仁杰私下提议："你也可再诬告几个人，将自己的罪责推给平章事杨执柔等几个人，这样可以减轻您的罪名。"狄仁杰听后，坚定地回答："天地明鉴，我既未犯此罪行，更不会牵连无辜，怎能诬陷他人？"言毕，他猛烈冲向大堂中央的柱梁，顿时鲜血涌出。王德寿见状，吓得急忙上前将狄仁杰扶起，送到旁边的厢房里休息，又赶紧处理柱子上和地上的血渍。狄仁杰见王德寿出去了，急忙从袖中抽出手绢，蘸着身上的鲜血，将自己的冤屈都写在上面，写好后，将血书塞入了棉衣里。没过一会儿，王德寿进来了，狄仁杰对王德寿说："天气逐渐热了，恳请您将我的棉衣送回我府上，让我的家人拆除棉絮进行清洗，让他们清洗干净后重新送还给我。"王德寿答应了他的请求。

当棉衣到达狄仁杰的儿子手中时，他对于父亲要求拆除棉絮的话产生了疑惑，他猜想父亲此举必然有深意。于是，他待王德寿离开之后，迅速拆开了棉衣，发现了藏匿于其中的血书。通过这封血书，他得知父亲正遭受人诬陷。他几经周折，托人将状子递到武则天那里，武则天看后，弄不清到底是怎么回事，就派人把来俊臣招来询问。来俊臣做贼心虚，一听说太后要召见他，知道事情不好，急忙找人伪造了一张狄仁杰的"谢死表"奏上，试图以此欺骗武则天，从而平息了此事。

朝中很多人对来俊臣的做法极为反感，有人面见武则天对她说："我等臣子敬佩您的才能与魄力，但令人痛心的是您的一世英名正在被来俊臣等人玷污，国家的律法竟也遭到来俊臣等人的操纵与滥用。如果您不相信的话，可尝试命人伪造一位您深信不疑、清廉忠诚的朝臣谋反的奏折，交由来俊臣处理，我可以担保，在他的酷虐的刑讯之下，没有人不认罪的。"

听完这话武则天有所触动，想起了狄仁杰一案，忙把狄仁杰招来，不解地问道："既然你是清白的，为何当初承认参与谋反？"狄仁杰言辞恳切地回答说："我若不承认，现在肯定已经死在来俊臣的酷刑之下了，站在您面前的就是一个枉死的孤魂野鬼了。"武则天又问："那你为什么又写'谢死表'上奏呢？"狄仁杰坚决否认，恳求武则天明察秋毫。武则天拿出"谢死表"核对了狄仁杰的笔迹，发觉完全不同，于是识破来俊臣的诡计，遂下令释放了狄仁杰。

鉴历史 得智慧

狄仁杰为人正直，疾恶如仇，在危急时刻，他深知留得青山在，不怕没柴烧的道理。面对酷吏，针尖对麦芒只会徒劳浪费力气。从这个历史故事中我们不得不佩服狄仁杰的足智多谋。这也让人明白了，真正厉害的人，并不是一味地表现自己的强势，而是在所谓的"强势"面前，退让一步，避其锋芒，保存自己的力量不受损失，然后再积极去寻求解决问题的办法，掌握事情的主动权，才可能实现自己既定的目标。

李通的安乐之法

洪应明在《菜根谭》中说："处世让一步为高，退步即进步的张本。""路经窄处留一步，与人行；滋味浓的减三分，让人嗜。此是涉世一极乐法。"洪应明是从明哲保身、身远祸患的角度谈退让的必要性的。一个人若只一味争夺，不知退让，迟早会遭遇挫折。能够成就一番事业的人，志在高远，不以一时一事的顺利或阻碍为念，也不会为一时的成败困扰。只有经历了困难挫折考验的人，才具成大事的气度。

刘秀称帝时，时任宰相一职的是和刘秀一起出生入死，也是他的妹夫的李通。李通精通武艺，又熟读兵书，在当时首先得到了王莽的器重。

李通具备非凡的洞察力。他透彻地认识到王莽改革的本质，并预见了这一政权注定会走向灭亡，于是借病辞退了官职，开始在故乡隐居起来。

李通为官期间清正廉明，从不做贪赃枉法之事，所以家财甚少，为了在家乡糊口，他只能做起了贩卖稻谷的买卖。刘秀经常购买李通的谷子，两人因此结缘。随着交往的深入，刘秀发现两人志同道合。刘秀赞赏李通文武双全且清廉正直，预见其日后能成为杰出的将领。李通同样敬佩刘秀，认为他具有领袖风范，胸襟宽广，怀揣雄心壮志，必能成就一番伟业。二人时常彻夜长谈，论天下英雄豪杰，辩天下治国之道。

后来，刘秀发动起义，反抗王莽统治，便邀请李通出山相助。最初，李通因念及王莽旧恩而犹豫不决，但经不住刘秀的再三恳请，最终答应帮助刘秀。在李通的协助下，刘秀的势力逐步壮大。李通随刘秀南征北战，共同面对过无数挑战和危险，始终坚定不移。从刘秀举兵起义到统一全国，李通家族可谓牺牲惨重。刘秀认为李通为人忠诚，而且有勇有谋，又是开国大功臣，便把自己的妹妹嫁给了他，建立东汉后，又封他为宰相。

随着刘秀实力的不断壮大，谋士卓茂劝刘玄杀死刘秀，以免日后对刘玄造成威胁。哪知刘玄不听卓茂的劝阻。卓茂一气之下离开了刘玄。刘秀听说卓茂足智多谋，见微知著，对卓茂不但没有恨意，反而十分敬佩，诚邀卓茂做了他的谋士。

刘秀对卓茂的话非常信任。在一次交谈中，卓茂对刘秀说："王莽当上宰相后，不断收买人心，网罗亲信，步步为营。他不甘心自己仅为宰相，便开始大肆杀戮异己，把自己的爪牙布满朝廷。最后，王莽重权在握，自己篡权夺位。因此宰相一职十分重要，要多加防范！"刘秀将这些忠告铭记于心，在他建立东汉之后，对于宰相一职的任命尤为慎重，深知若任命不当，可能将对自己帝位造成威胁。

李通自担任宰相后，尽管刘秀对他深具信任，但在关键决策时刘秀却未与他商量。李通从刘秀的角度出发，明白刘秀是担心自己的权力会被宰相架空，有其名，没有其权，怕王莽篡权的历史在他身上重演。明智的李通决定适时急流勇退。

李通时常对身边的人表达出自己告老还乡的想法，这件事也传到了刘秀的耳朵里。刘秀便立即召见李通，说："你随朕出生入死，劳苦功高，朕怎么舍得你离开呢？"李通道："陛下圣明，臣也想继续辅佐您，可是征战沙场，体力日衰，恐难以为继！"刘秀又道："今虽有病，但康复之后，仍可辅佐朕，还是留下安心休养吧！"李通从此称病不上朝了。李通常伴夫人散步娱乐，余暇则与友弈棋闲谈。

后来李通退回了宰相的印绶，告老还乡了，鉴于其卓越贡献，刘秀便封他的儿子做了侯爷。李通去世后，刘秀更是亲临哀悼，以彰显对其一生功绩的尊崇。

鉴历史　得智慧

郑板桥曾说："美好者，不良之器。"人的本性总是不服输、爱强出头，殊不知，在你显示自我聪明才智的同时，却常被别人"枪打出头鸟"。因此，从某种意义上说，大智若愚、大巧若拙、大辩若讷乃是聪明人的应对之策。

进退有度，顺天应道的范蠡

范蠡，春秋末期著名的政治家、军事家，虽出身贫寒，但聪敏睿智、胸藏韬略，年轻时就学富五车，满腹经纶，文韬武略，无所不精。其一生的行事原则便是懂得在世事变幻中何时该进，何时应退。他凭借这种智慧，掌握时机，进退自如。

范蠡出生于楚国宛地的三户邑（今属河南省），曾为楚国名士，与文种是很好的朋友，两人感到楚国朝政黑暗，在楚国无法有所作为。此时，吴越两国成为诸侯争霸的焦点，彼此虎视眈眈、互相攻伐，互不相让。吴越两国正在崛起，在深思熟虑之后，范蠡与文种决定为越国效力。在越国，范蠡经好友文种引荐，担任了上大夫一职。他的才华和能力很快得到了越王的赏识，之后成为辅佐越王勾践来吴称霸的一个重要人物。越王勾践因一意孤行，不听范蠡劝谏，在时机不成熟时，鲁莽地对吴国发起了进攻，结果遭到了吴军的沉重打击。越王勾践的军队大败，他本人也被围困在会稽山。

战败后，范蠡劝越王勾践答应吴国的任何条件以求保全性命。勾践带着妻子，在范蠡的陪同下来到吴国做了人质。范蠡多次劝说勾践要胸怀大志，即使受尽屈辱，也要装作毫不愠怒，面无怨色。就这样勾践夫人每日给夫差喂马，范蠡也跟着一齐劳作。他们担水切草，除粪刷马，没有一丝怨言，没有半点叹息之声。夫差多次派人偷偷地窥视他们，所见到的情景都是一样的，就以为勾践真的丧失了复国之志。勾践一回到越国，在范蠡和他的老师计然的辅佐下，尊贤礼士，练兵治国、发展生产。经过十多年的苦心经营，越国君臣同心，经济恢复发展，军事力量增强，灭吴的时机一天一天成熟，终于在公元前473年将吴国灭掉。

范蠡因战功显赫，被尊封为上将军。灭掉吴国后，勾践变得日渐骄横起来，他还要北伐称霸中原。范蠡并不同意勾践的想法，另外，范蠡与勾践相处多年，深知其人品，勾践虽表面顺从，内心却极其阴险。对此，范蠡早有觉察，他也觉得事业已成，应该选择急流勇退。所以，他不顾越王勾践的极力挽留，毅然带领家人悄然而去。范蠡想到文种的知遇之恩，在辞行前给他留下一封信，言及"飞鸟尽，良弓藏；狡兔死，走狗烹。越王为人长颈鸟喙，可与共患难，不可与共乐。子何不去？"看到此信，文种忧心忡忡，但并未离去，最终也没能逃过勾践的利剑。文种的谋略并不输于范蠡，但缺乏范蠡的远见与智慧，最终命丧黄泉。

后来，范蠡改名为鸱夷子皮，带领家人在海边结庐而居，垦荒种植，兼营副业，没过几年，凭借自己的勤奋和智慧积累了数万家产。他仗义疏财，施予百姓，世称"陶朱公"。

纵观范蠡的一生，经历了几度的"千金散尽还复来"，他进退有度，总是在大取大舍中展现出与众不同的智慧。他先是从越国逃至楚国，在楚国勤恳经营，得以富甲一方，楚王听说他拥有雄才伟略，想请他助楚兴国，但他早已厌倦了官场的尔虞我诈，将自己的全部家产献于楚王，才得以保全性命。此后范蠡乘舟出海逃至齐国，一家人开荒种田、引海水煮盐，再一次累积万贯家财。但同样被齐国国君闻知，任其为相。他却感言，身居家中得以千金，身居官场得以卿相，都是人世得意之事，但时间长了，会是个不祥的结局。于是千方百计弃官，再次散钱财于民间。隐居于陶地（今属山东省），在此地，他凭借睿智的商业头脑再度成为富商，最终老于此地。

鉴历史 得智慧

范蠡明进退，不以千金量其价，不以成败论其功，视功名利禄为身外之物，不被金钱所迷惑，反而能够重德行善，屡次散尽家财施济贫困，帮助了别人的同时又保全了自己。正如人们常讲的那样：进退有度，一"度"值千金。

范雎从屈辱到荣耀

人的一生中总会经历风雨，而苦难是一笔财富，它会锤炼人的意志，使人获得生活的真谛。人时常要忍受一时的不顺利，正如俗语所说，吃得苦中苦，方为人上人。面对苦难的时候，既要忍耐，又要满怀信心，只有不气馁，不断摸爬滚打，才能看到成功的曙光。

范雎，战国时期魏国著名的谋士，他善于辩论，有三寸不烂之舌，怀有雄心壮志，渴望开疆拓土。但他因出身卑微，又怀才不遇，不得已只能委身在魏国大夫须贾的府中任事。

一次，须贾奉魏王之命出使齐国，范雎作为随从一同前往。齐国国君齐襄王对须贾很不礼貌，范雎挺身而出，不卑不亢，雄辩有理有节。齐襄王暗叹他的胆识与辩才，于是差人悄悄地送给他一份厚礼，以表示对智士的敬意。范雎对此深表谢意，却未敢接受齐襄王的赠礼。即便如此，范雎还是招来了须贾的怀疑。须贾执意认为，齐襄王送礼给范雎，是因为范雎出卖了魏国的机密。

须贾返回魏国之后，将范雎受贿的事告诉了魏国的相国魏齐。魏齐不辨真假，就对范雎进行了严厉的惩罚。在残酷的刑罚下，范雎的肋骨被打断了，牙齿也掉了几颗。为了保命，他只好装死。范雎虽已"死去"，但魏齐仍不放过他的"尸体"。魏齐命令在场的人一个接一个地在他的"尸体"上施虐，以警告大家以后不得卖国求荣。

范雎在遭受非人的折磨和人格之辱后，一腔效命魏国的热忱也随之烟消云散。他凭借着仅有的一口气，向看守他的人说："公能出我，我必厚谢公。"于是在看守人的帮助下，范雎得以逃脱。

范雎忍辱求全，过着东躲西藏的日子，就在这个时候，秦国的使节王稽来到魏国。范雎的朋友郑安平得知这个消息后，计上心头，他明白这是一个千载难逢的机会。他想，秦国国力强盛，有兼并六国的雄心，可以向王稽推荐范雎，将来范雎必能成就一番大业。于是郑安平抓住一切机会，滔滔不绝地向王稽讲述范雎的非凡才智。王稽为秦国求贤若渴，就在那天晚上，他与范雎会面了。范雎面对王稽，侃侃而谈，条分缕析，议论着天下大事。一席话还未谈完，其才情智慧已使王稽信服，王稽决定要将范雎带回秦国，让他的才华在更广阔的舞台上施展。

王稽的出使任务圆满结束后，便私下带着范雎启程回秦国。两人一路疾驰，当他们踏入秦国境内时，只见远处尘土飞扬，一队车骑奔驰而来，范雎忙问王稽道："那边来的是谁？"王稽回答说："来的是秦相穰侯魏冉。"范雎一听便说："我听闻穰侯长期独揽秦国大权，对外来的人并不友好。我若与他相见，恐怕只会招来他的轻视。请您把我藏在车里，避免与他见面。"正说着，魏冉的车骑已到。魏冉向王稽说了一番抚慰他出使辛苦的客套话之后，果然不出范雎所料，魏冉接着询问王稽："使君出使归秦，有没有带着其他国家的客人啊？如果这样做，对我们秦国并无益处啊！"王稽看到这种情况，心中暗暗称赞范雎的远见之明，他急忙回答："没有。"魏冉看了看王稽就带着他的一众人马走开了。

随着魏冉一行人的车轮声渐行渐远，范雎这才从车中探出身来，望着魏冉的身影消失在视野尽头，他若有所思地说："我听说魏冉是一个聪明人。刚才他已经怀疑车中有人，只是决心下慢了，竟忘了搜车！"范雎一念及此，立刻果敢地对王稽说："魏冉此去，必然会后悔，定会派遣人手回头搜查您的车辆。我必须下车躲避！"话音刚落，他便迅速跳下车，隐没在路旁的树丛中。王稽带着自己的随从、仆人，方才走了十多里，背后突然响起了一阵急促的马蹄声，犹如鼓点般紧张激烈。魏冉派回的骑兵如风驰电掣般赶至，将王稽的车辆团团围住，进行了一番严密的搜查。确认车内并无他人后，他们才疾驰而去。随着骑兵的离去，大道恢复了往日的宁静。范雎从小路闪出，与王稽相顾一笑，随后他们挥鞭策马，向着秦都咸阳的方向飞奔而去。

范雎逃离魏国，来到秦国后获得秦昭王的信任。秦昭王采用范雎的谋略，对内加强中央集权，对外采用著名的"远交近攻"策略，不断扩大国土，秦昭王任命他为相国，封应侯。

鉴历史　得智慧

从范雎受尽奇耻大辱，再到他荣耀加身的故事中，我们可以看到，人的一生中，不可能什么事情都是一帆风顺的，总会遇到各种各样的困难、挫折，无论是来自自身的，还是来自外界的，都在所难免。能不能忍受一时的不顺利，经受得住困难、挫折的考验，往往决定了一个人是否能成就大的事业。

第二章

明察秋毫，以史为鉴

死板的代价

宋襄公，姓子，名兹甫，春秋时期宋国君主，重视仁义，春秋五霸之一。此时，齐国的霸主齐桓公因病去世，权臣易牙等人为了巩固自己的势力，挑起内乱，废太子公子昭，扶持傀儡公子无亏。被废的公子昭处境非常危险，只能去他国寻求帮助。

宋国的宋襄公雄心勃勃，恰好齐桓公去世了，他离春秋霸主的梦想更近了一步。尽管宋国实力有限，但对权力的欲望让他决定把握住这次机会。于是在他的斡旋下，卫国、曹国和邾国同意与宋国共同出兵，组成联军攻打齐国，拥立公子昭为齐国国君。齐国内部一些贵族也对易牙等人的统治不满，仍对公子昭抱有期待，加上对宋军实力估计不足，于是联手将新即位的公子无亏处死了。公子昭得以登基，即齐孝公。在这次事件中，宋襄公积极行动，他的声望也获得了提升。

公元前639年，宋襄公召集齐、楚两国在齐国鹿地会晤，以确定他作为诸侯盟主的地位。他自视对齐孝公恢复王位起到关键作用，因此认为此时时机已经成熟，能树立威信以主导诸侯，所以未征求齐国和楚国的意见便自居领导角色，并草拟了一份关于秋季在宋国支持周王室的通函。楚成王对此举很不满，并在会议当天公开反对。经过双方争夺后，宋襄公未能如愿当上盟主，自此，宋襄公心中甚是怀恨楚成王。当得知郑国是拥护楚国为盟主的积极支持者时，宋襄公决定讨伐实力较弱的郑国，以泄心中愤懑。

宋襄公的这一决定遭到了众多大臣的反对，但他仍要对郑国采取武力措施。得知消息的郑文公知道郑国势单力薄，于是向楚成王求援，楚成王答应来救援郑国。不过，楚成王并没有选择直接援助郑国，而是毅然决定以雷霆万钧之势直捣宋国的要害。宋襄公得知楚军压境的消息后，意识到形势严峻，因楚军强大，便匆忙撤兵返回国内，在河边布防，准备迎战。当楚军抵达河对岸时，宋国大司马公孙固建议与楚和解，认为楚军仅为救郑国而来，既然宋国已撤退，战争无须继续。然而，宋襄公坚持认为，尽管楚强，可他们却缺乏仁义，而宋虽弱，却拥有仁义，并制作了一面绣有"仁义"二字的大旗，决心以仁义对抗楚军的刀枪。

第二日，楚军开始过河。此时，公孙固向宋襄公建言："我军所处之地具有地理优势，若趁敌渡河之际发起攻击，必能制胜。"然而，宋襄公仍坚持"仁义"原则，说道："半路对楚军进行攻击，算不上是仁义之师所为。"楚军渡过河后，在岸边排兵布阵。公孙固再次献策于宋襄公，建议在楚军布阵未定之时出击，或可取胜。但宋襄公以楚军尚未布阵完全，此刻进攻非仁者之师行为而回绝。

最终，楚军迅速布阵完毕，毫不讲究仁义，气势汹汹地冲向宋军。坚持仁义，而又不知变通的宋襄公反遭楚军重创。在残酷无情的战场之上，那面象征着"仁义"的大旗在战乱中消失得无影无踪。

鉴历史　得智慧

我们经常可以看到成功者之所以能够手握胜利的大旗，关键在于他们善于变通。以宋襄公为例，推崇仁义道德令人钦佩，但不分场合地坚持却导致了他的失败。想象一下，面对血淋淋的残酷战争，固守仁义就如同向死神敞开怀抱。同样的道理适用于我们每个人的人生之旅。面对挑战和困难，坚守原则固然重要，但我们更需洞察现实，学会随机应变，以巧妙跨越生活中的艰难险阻。

在充满不确定性的环境中，我们需要的并不是朝着既定的方向勇往直前，而是在随机应变中寻找求生的路。我们应当明白，在一个充满变数的社会里，灵活机动的行动比一成不变的固执要好得多。

一味地按教条的思维去考虑问题而不懂得变通，易使人陷入顽固不化的困境，而尚清谈、轻实际的决战方式是可笑且注定要失败的。宋襄公的失败在于他混淆了"仁义"运用的场景和实际情况，才使得自己一步步地被动起来，因此我们应时刻警醒自己避免重蹈覆辙。

临终舌诫，沉默是金

贺若弼出生在将门之家，会文精武，是隋朝四大开国名将之一，其父亲贺若敦是南北朝时期北周的一名威猛将军，曾在湘州之战中立下赫赫战功，然而，命运却与他开了一个残酷的玩笑，他被奸人所诬，不仅升迁无望，反而被降职。贺若敦的心中充满了愤怒，他无法忍受这种不公，当着使者的面大发雷霆。此时，北周的晋王宇文护，早已对贺若敦的强大势力心存忌惮，当他得知贺若敦对使者的不敬时，立即将其召回总都，逼迫他自杀而亡。在临终之际，他向其子贺若弼说出了自己的遗愿："我本渴望平定江南，但此志未得偿。你必须继承我的志愿，切记，由于言论失当，我必赴死，你不可不慎言。"为使贺若弼铭记这一教训，他甚至用锥子刺破贺若弼的舌头，以此警示他必须谨言慎行。

隋开皇元年（581年），杨坚成功推翻北周政权并自立为帝，国号隋，即历史上的隋文帝。贺若弼此时被任命为隋朝的右领军大将军，并且担任吴州总管，负责镇守战略要地广陵，肩负着平息陈国的重大责任。到了隋开皇八年（588年）十月份，贺若弼以行军总管的身份率领部队从广陵出发，在长江北岸集结休整，准备消灭陈国。589年的正月初一，趁陈国庆祝新年之际无任何防备之时，贺若弼指挥的军队横渡长江，发起突袭。面对突然的攻击，陈国士兵措手不及，迅速崩溃而逃散。

陈国灭亡后，贺若弼和韩擒虎回京，在隋文帝面前互相争夺战功。

隋文帝最后进位贺若弼为上柱国，封爵宋国公，真食襄邑三千户，并给予许多赏赐，又把陈叔宝的妹妹赐给他做妾。随后又拜右领军大将军，不久转右武候大将军，荣耀一时。韩擒虎也得到了相同的奖赏。后来，贺若弼变得日益骄傲自满，始终认为自己的功绩超过了其他大臣，甚至以宰相自居。之后，隋文帝封杨素为右仆射，贺若弼虽然仍为将军，不满之情形于言色。他的这个做法激怒了隋文帝杨坚，认为他过于追求功名，于是将他押入了大牢之中。后隋文帝因为爱惜人才，又感念他为大隋朝立下的战功，决定饶他一命。谁知他并未因此警醒和收敛，反而夸耀他和太子杨勇的关系密切，在太子杨勇被废后，他又为杨勇鸣不平。隋文帝就把他招来质问："我用高颖、杨素为宰相，你却在众臣面前言其无所事事，只会吃饭，是什么意思？你是在暗示我也是个无能之辈吗？"最终，隋文帝将他贬为平民，几年后虽然恢复了他的爵位，但对他仍心存戒心，未能再次重用他。

仁寿四年（604年），杨广为隋炀帝。有一次贺若弼陪同隋炀帝巡至榆林，杨广命人造一个可容纳数千人的帐篷，以招待突厥启民可汗及其部众。贺若弼与宇文弼等人议论皇帝的这一行为太过奢侈，后被人上告给了隋炀帝，隋炀帝毫不留情地将他杀死了。

鉴历史 得智慧

贺若弼父子的悲惨结局使我们对孔子之言"君子欲讷于言而敏于行"有了更深刻的体会。当说则说，不当说则不说，不能随心所欲，更不能发一些徒劳无益、于事无补的怨言。面对不公和偏见，最为有效且理智的应对方式是保持冷静与平和，学会自我克制，避免怨气与愤懑。

沉默并非总是无能为力的表现，相反，它往往是一种智慧的选择。沉默并不等同于放弃、失败、忍让或无知，而是一种潜在的防御策略，一种无言的抗争，反映了一个人坚持和高尚的气质。

绞王贪小利兵败国破

　　纷争不断的春秋战国时期，各诸侯国之间你争我夺的战争连年上演。绞国是楚国西北面的一个小国，在强大的楚国旁边经常战战兢兢，如履薄冰。绞国终究是小国，楚国巧用"抛砖引玉"的策略，就轻而易举地夺取了绞城。

　　有一年，楚国开始率领大军攻打绞国，楚国兵强马壮，很快就攻打到了绞国的都城，将城楼围了个水泄不通。绞国深知若出城迎战，肯定死伤惨重。因此，绞国选择利用其坚固的城防，紧闭城门，坚守城池。楚军一时奈何不得，尽管楚军多次发起攻势，但均未得手，双方僵持了一月有余。

　　面对这种僵持局面，楚国大夫屈瑕经过仔细分析敌我双方情况，想到了"以鱼饵钓大鱼"的妙计，以此妙计就可以智取绞国，避免楚军过多的牺牲。屈瑕向楚王说："绞城久攻不下，不如我们用小利做诱饵，然后一举拿下整个城池。"楚王便问他诱敌之法是什么，屈瑕说道："绞城已遭围困数日，城内必然面临薪柴粮食匮乏的困境。如派兵乔装成樵夫上山打柴运回城中，则敌军一定会出城劫夺柴草，如是这样，就先让他们获几天小利，等他们放松警惕，麻痹大意后，定会派兵出去劫取柴草。到时我们再设立伏兵，切断敌军退路，并乘机歼灭之，以便夺回城池。"犹豫不定的楚王担心绞国不会那么轻易上当，屈瑕肯定地说道："大王不必担心，绞国是小国，多数人性情浮躁，缺乏深谋远虑，面对如此美味的诱饵，他们必定会上钩的。"

在屈瑕的劝说下，楚王最终决定试一试这个计划，于是楚军派出伪装的士兵上山打柴。而绞国内部此时正为没有柴火而发愁。绞王得知有樵夫上山砍柴的情况，便忙问其是否有楚军加以保护，探子回报说，他们三三两两进山，并无兵士跟随。绞王马上布置人马，等到樵夫背柴草回城之际，就突然袭击。绞国如其所愿俘获多名伪装的"樵夫"，并夺取了大量柴草。经过数日的观察，绞国士兵发现抢夺柴草不仅盈利丰厚，也没有危险情况发生，因此，他们开始大规模地出动抢劫柴草，对楚军毫无防范。

楚王看到敌军已步入设下的局中，遂决定立刻行动，马上收网。待绞国士兵仍像前几次一样出城劫掠柴草时，樵夫们假装惊恐万状，疾步逃跑，绞国士兵紧追不舍，未察觉已陷入楚军的伏击圈。一时间伏兵四起，杀声震天，绞国士兵惊慌失措，纷纷弃刀丢枪，四处逃散，损失惨重。楚王便立刻率大军前去攻城，此时的绞城防御空虚，已无力抵抗，实难再守，只得在城下签订了屈辱的和约，向楚国乖乖投降了。

鉴历史 得智慧

在这场战术中，楚王以"薪"为诱饵，骗到绞国这条大鱼，绞国因没有远见，未能抵抗住眼前利益的诱惑，为了一时的微利而牺牲了国家的长远利益，从而被迫与楚国签订条约，沦为其永久的附庸。同样，"丢卒保车"也是一种深谋远略，它是一种能以屈求伸、以退为进的策略，是一种宽容的智慧。在生活的棋盘上，如果只盯着眼前的小利，你可能就会错失那些真正能让你的生活发生质变的大机会。所以不要让微小的诱惑遮蔽了我们的双眼，不要因为短暂的满足感而忽视了长远的目标。记住，真正的胜利者是那些能够在复杂局势中识别出轻重缓急，并勇于承担短期损失以换取长期收益的人。

优柔寡断，一宴失江山

楚怀王与诸将领先期约定：先入定关中者王之。在攻打秦国的战争中，项羽认为凭借自己的实力肯定是胜券在握的，然而，刘邦却出人意料地第一个率军进入了关中。这时两人战后未曾谋面，刘邦的左司马曹无伤就派人去告诉项羽说，刘邦想在关中称王，让子婴做相国，缴获所有的珠宝全据为己有。项羽听后十分生气，亚父范增就劝告项羽说："刘邦在山东时，贪财好色，现在进入关中后一改往日贪婪的性格，可见他是在笼络人心，想要图谋王者之位呀！必须要立刻攻打他，否则未来将构成严重威胁！"

楚国的左君项伯是项羽的叔父，张良是刘邦的手下，与项伯关系甚好。因为张良曾救过项伯的命，项伯得知这一情况后，为了报答张良的救命之恩，连夜赶路来到刘邦军中，秘密约见了张良，并把实情告诉张良，力劝张良随他离去，免得惹火烧身。而张良却说："我替韩王护送沛公，沛公现在有急难，我怎能背信弃义逃跑呢？"张良忠肝义胆，很快将这一重大的情报告诉了刘邦。刘邦听后心如悬旌，不安地踱步，急切地问："此局何以解忧？"张良问道："以现有的军力，能战胜项羽的雄兵吗？"刘邦犹豫了片刻，坦言道："实力确实不如人，这该如何是好？"于是，张良提议说："那么就让我去告诉项伯，表明沛公您绝无叛离项王之意。"一听到项伯的名字，刘邦急忙好奇地问张良，他如何与项伯有了交情。张良一五一十地把事情告诉了刘邦。听罢，刘邦立刻让张良请项伯入内相见。

项伯一进来刘邦就匆忙为项伯奉上一杯酒以示敬意。他坦诚地对项伯道："自我进入关中，不敢私藏任何金银财宝，严格管理自己的部队，不得劳民伤财，并将缴获的财物都封藏在了库房内。之所以派遣官兵去把守函谷关，是预防盗贼与意外变故，绝无背叛之心！恳请项伯向将军详述此事，我非忘恩负义之辈。"项伯接受了刘邦的请求，并建议他次日清晨前来谢罪。

项伯与刘邦达成谅解后，便匆匆返回军营，将刘邦所言详尽地报告给项王，并借机谏言："刘邦不先攻破关中，您怎么敢进来呢？现在人家立了大功，你却要攻打人家，这是不仁义的，不如趁机好好款待他。"项王听后，表示赞同。

第二天，刘邦到达鸿门来向项羽谢罪，说："我与将军齐心协力攻击秦国，你挥师黄河之北，我则征战于黄河之南。谁曾料想，我会率先突破秦的防线？能够再度在此与将军相聚，真是意料之外的喜悦。唉！可惜如今由于一些不知名的奸诈小人挑拨，竟然让我们之间有了误解。"项羽听后说："这些谣言，乃是你身旁的左司马曹无伤所传，若是无中生有之事，我岂能轻信？"

随后，项羽请刘邦和他一起饮酒聊天，项羽、项伯、亚父、刘邦、张良相继入座。这个宴会本应是宾主尽欢的时光，却暗流涌动。席间，范增多次使眼色给项羽，还多次举起自己的玉佩向他示意多次，只见项羽端坐在席间一点反应都没有。无奈之下范增让项庄舞剑助兴，找机会刺杀刘邦。与此同时，项伯也拔出剑舞起来，更用自己的身体保护刘邦，使得项庄无法找到机会刺杀刘邦。

张良在军门外与樊哙谈起了里面的情况，张良告诉他，屋内剑拔弩张，情况危急，于是樊哙为了保护刘邦，便带着盾牌闯入宴席。意外的是，项羽不仅对樊哙的行为未加责难，还赐予他酒和半熟的猪腿，并邀请他与张良一同入座。樊哙叩谢了项王并说了一席刘邦的好话。没一会儿，刘邦便招呼樊哙一起以如厕为由脱身。刘邦打算走小路返回军营中，他对樊哙说："出来得太急，没来得及告辞，怎么办是好呢？"樊哙说："做大事情不必顾虑细枝末节，讲大礼不必讲究小的礼让。"刘邦决定先行一步，命张良留下向项羽辞谢，并把随身带的礼物让张良献上，还请张良等他们抄小道回到了军营后，再进去向项羽告辞。张良约莫着时间到了，便进去辞谢，说："沛公因喝醉已回到军营，所以差我前来告辞，并让我奉上白玉璧一对，献给大王，玉斗一双，献给大将军。"无奈，项羽接过了白玉璧放到座位上。而范增接过玉斗，却把它砸得粉碎，他感叹道："唉！这小子不值得和他共谋大业！夺走项王天下的一定是沛公，我们都会被他俘虏了！"而刘邦一回到军营，毫不犹豫地就把曹无伤处死了。

鉴历史　得智慧

楚霸王项羽威风凛凛，不可一世，却在与刘邦争天下的关键时刻，优柔寡断，终酿成大错。在鸿门宴上，他未能果断行动，错失刺杀刘邦的良机，最终落个兵败垓下、乌江自刎的下场。鸿门宴是楚汉之争的关键转折，也充分体现了项羽的弱点，注定使他在政治上始终是一个失败者。我们要从项羽的故事中引以为戒，要不断地告诉自己，果断决策和异常大胆的尝试会使许多成功人士渡过危机和难关，而关键时刻的优柔寡断、犹豫不决可能带来灾难性后果。

赵括纸上谈兵，误国害己

公元前260年，秦昭王按范雎"远交近攻"的策略，派大将王龁率兵进攻韩国，占领了野王地区（今属河南省），并截断了上党郡和韩国的联系，这样上党就被孤立了，形势非常危急。上党的一些将领认为投靠秦国还不如投靠赵国，于是打发使者前往赵国，向赵成王表达了归附之意，于是赵成王派兵援助了被困在上党的韩军。

没过多久，处于战争需要，秦国又一次围攻上党。这时赵国名将马服君赵奢已战死且丞相蔺相如因疾病卧床，赵成王无奈之下，命廉颇带领超过二十万的雄师去救援上党。但秦军的军力过于强大，赵军难以匹敌，经过数次交锋，赵军均以失败告终，上党很快被秦军攻占。随后，赵国军队退守至长平一带。

王龁怎会就此罢休？他打算进一步进攻长平。廉颇自知秦军势力强大，最好的办法便是固守阵地，于是他指挥士兵们修建堡垒、深挖壕沟，与秦军形成对峙局面，准备进行长期抵抗。面对王龁多次的挑战，廉颇仍坚持不轻易出战。王龁见无计可施，只好派人回朝向秦王汇报军情。

秦国的丞相范雎献出一计，他说："廉颇用兵持重，要想打败赵国，首要之务便是促使赵国将其召回。"秦昭王说道："怎样才能将廉颇召回呢？"范雎说："可通过离间之策。"几日后，秦昭王派兵潜入邯郸，散布谣言："赵国唯有马服君英勇善战，然而，其子赵括之才能更胜一筹，如能任命他为将，其势将无坚不摧。反观廉颇屡战屡败，不久之后赵国必将归降于秦国！"赵成王盲目听信了谣言，果然中计，立刻召见赵括。蔺相如对赵成王说："赵括只懂得读父亲的兵书，缺乏实际作战经验，名声虚有其实，不宜轻易任用。"但赵成王却未采纳忠言，固执己见，继续要任命赵括为作战统帅。

赵括的母亲也向赵成王进谏，请求赵成王别派他儿子去。赵成王问其理由，赵母言："当年他父亲临终的时候再三嘱咐于我，赵括虽通晓兵法，却未经历战场的磨砺，其军事策略仅限于纸上谈兵。若委以重任，恐将给赵军带来灭顶之灾。"可赵成王对此却不屑一顾，赵母再次强调："既然大王执意要重用他，如赵括领军不利，那赵家将与之无关。"赵成王应了赵母的请求，赵括最终被任命，接替廉颇成为主将。

很快赵括到达了长平，赵括在长平接过帅印，接管了军队，廉颇无奈只能返回邯郸。赵括把廉颇规定的一套制度全部废除，还更换了许多将领，同时按兵法"兵贵速，不贵久"的说法，草率地对秦军发起进攻。这一决定，无疑为赵国埋下了祸根。

秦国丞相范雎闻知此事，深知计谋已成功，便密派白起为上将军，去指挥秦军。白起知道赵括必然死搬兵书，于是先在长平精心布置伏兵并故意战败数役，以诱敌深入。无知的赵括盲目追击，跳入了对方设置的圈套之中。白起立即派出精兵二万五千人，冲散赵军，又另派五千骑兵，直冲赵军大营，把四十万赵军切成两段，使其无法互相支援，且赵军粮草供应被切断，军心很快涣散，一时乱成一团。这时，赵括才恍然大悟，急忙筑营固守，等待援军。经过四十余天的困守，赵军士气全失，战斗力全无，秦军看时机已到立刻发起了总攻，赵括也被秦军的乱箭射杀而亡。士兵见主将赵括身亡，也失去了斗志，便纷纷投降，四十万大军，就这样葬送在赵括的手上了。

鉴历史得智慧

"纸上谈兵"这则典故流传至今，通常用于比喻那些只会空谈教条，而缺乏实践经验，不能真正解决问题的人。从赵括的失败教训来看，尽管他精通兵法，却明显缺乏实战经验，未能体悟到"知己知彼，百战不殆"的深邃含义。老子曾说过一句话："知人者智也，自知者明也。"也就是说自知是一个人是否明智的首要条件。通常来说，如果一个人在缺乏自我认知的情况下，盲目自信，结果往往会事与愿违。

其实每一个人都是自己的一面镜子，只有在别人的谈论中我们才能看清真正的自己。倘若一个人不能量力而行，就难免会聪明反被聪明误。所以，让我们在追求梦想的征途上，始终要保持自知之明，做到三思而后行，三思而言，不要好高骛远，硬拿鸡蛋碰生硬的石头。

蔡哀侯的桃花劫

　　爱美之心人皆有之，但是为了一己色欲，荒废朝政误国误民的例子也比比皆是。这种做法既违背了天意，也丧失了民心，到头来除了遭人唾弃，成为别人茶余饭后的笑料之外，还会遗臭万年。

　　春秋时期，蔡哀侯与息侯是连襟，蔡哀侯娶了陈庄公的大女儿，息侯娶了陈庄公的小女儿。但是蔡国和息国却是不同的外交政策，息侯臣服于楚国，蔡哀侯则靠拢于齐国。

　　陈庄公的小女儿，即息夫人，出生于陈国宛丘(今属河南省)的妫姓世家，故又名息妫。据说，她出生的时候，满园桃花都盛开了，百鸟朝凤，她额头上带着桃花胎记，仿如桃花女神转世。待到她十六七岁时，其容貌更是倾国倾城，只见她目如秋水，脸似桃花，微步如凌云仙子，娇美如临水照花。因她姿色绝佳，面若桃花，又称"桃花夫人"。后来，她嫁给息国的国君息侯后，因貌美如花，知书明礼，和息侯恩爱有加，所以深得息侯的宠爱。

　　有一天，息夫人回娘家陈国，路经蔡国便顺路拜访了蔡哀侯和她的姐姐。谁知好色的蔡哀侯见到艳若桃花的息夫人，顿时神魂颠倒，几杯酒下肚，竟起了轻浮之举。

　　息夫人没想到蔡哀侯竟如此不顾礼数，她随便找了一个借口，便匆匆辞行，赶到娘家去了。回到陈国的娘家后，息夫人并未将蔡哀侯的轻薄之举告诉自己的父母。回到息国后，息夫人见了分别很久的疼爱自己的丈夫，她顿时悲从中来，就把蔡哀侯如何调戏自己的事情，原原本本地告诉了息侯。息侯听后大怒，恨恨地说："这个无赖的蔡哀侯居然这样对待我的夫人，我非要严厉惩罚他不可！"

息侯立即派一个特使到楚国去，密告楚文王说："蔡哀侯依仗和齐国有亲戚关系，不把大王放在眼里，到处散布谣言，试图破坏楚息两国之间的友好关系，大王何不出兵去攻打他呢？"

楚文王说："这样怕会引起它的盟邦齐国出兵吧！"

特使自信地说："这个问题没什么难的，我国和蔡哀侯是结盟而又有连襟的关系，蔡哀侯又争强好胜。如果大王假意向我国发兵，他必亲自出马相救。到那时，我军突然与楚兵联手，把他包围起来。这样，蔡哀侯就是插翅都难逃。""妙哉！"楚文王拍手称好。

接着，楚军便浩浩荡荡地朝息国进发，息侯急忙求援于蔡国，果然如特使所料，蔡哀侯亲自率领军队来救援，但刚一抵达息国，就被伏击的楚兵击败，蔡哀侯只得慌忙退往息城。然而，息侯拒绝接纳他，楚兵紧随其后，最终在途中俘获了蔡哀侯。

此时，息侯出城犒赏楚军，并恭敬地送楚王班师回国。直到这一刻，蔡哀侯才意识到自己被息侯的设计骗了。

鉴历史 得智慧

蔡哀侯由于沉湎于女色，使得蔡国陷入了泥潭。在生活中，每个人都会面临各种各样的诱惑，无论是金钱、权力，还是其他形式的欲望，如果我们不能保持清醒，不能控制自己的欲望，那么最终受到伤害的，只会是我们自己。

经受不住诱惑的刘勋

东汉末年，军阀混战连年不断，割据势力你方唱罢我登场，百姓们深受其害。当时盘踞在长江和淮河地区势力庞大的两大军阀是会稽太守孙策和庐江太守刘勋。

孙坚之子孙策，尽管年纪轻轻，只有十七岁，就已经展现出了不凡的才能，势力逐渐强大。199年，孙策欲向北扩张自己的实力，准备夺取江北刘勋占据的庐江郡。庐江郡地势险要，其南临长江之险，北面则有淮水作为天然屏障，这为刘勋提供了极为有利的防御条件。此外，刘勋本身也并非等闲之辈，他作为一方霸主，拥有与孙策相匹敌的强大实力。因此，孙策面临的是一个不容小觑的对手，也是一个严峻的挑战。

而此时，占据庐江的军阀刘勋，自恃实力雄厚，正对邻近的会稽虎视眈眈，企图吞并邻地。面对这一不利的局面，孙策召集将士，共谋良策。周瑜认为，消灭刘勋这只"虎"，如果硬攻，不仅胜算渺茫，而且即便胜利也会是"皮之不存，毛将焉附"的惨胜，会令自己元气大伤。最好的办法是调"虎"离"山"。孙策认为周瑜的建议非常合理，并决定采纳此计。

孙策深知刘勋志大才疏，嗜财如命，便派遣使者送去一份厚礼，同时附带一封充满溢美之词的信件。信中说刘勋功名远播，令人仰慕，并表示要与刘勋交好。孙策伪装成一个弱小者的身份卑微地向刘勋求救，他抱怨地说："上缭经常派兵侵扰我们，我们实力弱小，无法派兵远征，请求将军出兵征服上缭，我们感激不尽。"刘勋原本对富裕的上缭地区就觊觎已久，但一直未能找到合适的机会。现在看到孙策送礼求援，认为征讨上缭的机会来了，自然毫不犹豫地答应了。手下的一位谋士提醒他要防备孙策的调虎离山计，但一心扩充势力的刘勋被孙策的厚礼和甜言蜜语迷惑，已经无法再听取任何忠告。

孙策时刻监视着刘勋的行动，见刘勋亲自带领数万兵力进攻上缭，城内空虚，心中大喜，说："'老虎'已被我调出山了，我们赶快去占据它的老窝吧！"于是采取水陆并进的策略，迅速向庐江城发起进攻。庐江守军精锐都被刘勋带走了，主将又不在，剩下的老弱之兵、无能之将不堪一击，没做多少抵抗便投降了。孙策十分顺利地控制了庐江，并马不停蹄指挥大军杀向已被调离老窝的刘勋。

刘勋猛攻上缭，一直不能取胜，士气低落，接连败退。当得知庐江城失守的消息后，他走投无路，最终被迫归降曹操。从此，孙策称霸江东，为三国鼎立奠定了基础。

鉴历史 得智慧

刘勋志大才疏又视财如命，这是他失败的根源所在。他的故事告诉我们，贪婪是人性的弱点，如果我们不能控制自己的欲望，就会被欲望所控制，失去了前进的方向。所以，我们应该学会控制欲望，珍惜眼前的一切，不因一时的贪婪而失去了更重要的东西。只有这样，我们才能在人生的道路上走得更远、更稳。

善于变脸的幕后黑手

19世纪末，在内忧外患的冲击下以及中西文化的碰撞过程中，一部分思想先行者逐步形成了一个共识：要救国，只有维新变革。于是在1898年，以康有为、梁启超为代表的维新派积极推行新政，维新变法运动在中华大地如火如荼地展开了。变法运动得到了光绪帝的大力支持，但光绪帝是一个傀儡皇帝，朝政大权被慈禧太后牢牢把控着。光绪帝试图借助改革巩固自己的统治地位，削弱以慈禧太后为中心的顽固派势力。然而，慈禧太后认识到自身的权威受到威胁，于是开始百般阻挠和破坏维新派的各项措施。实质上，这场变法运动转变成了光绪帝与慈禧太后的权力较量。在两股势力的较量中，光绪帝深感自己处于极为不利的局面，因为慈禧手握兵权和人事任免权。光绪帝预感自己的皇位不保。面对此情形，维新派人士急切地寻求机会发动政变，以改变日益恶化的政治形势。

此时，作为荣禄陆军首领的袁世凯来到了北京。袁世凯表面上明确表态支持维新变法活动，并且也做了一些支持维新变法运动的事情，为此，康有为大加赞赏袁世凯，并极力向光绪帝推荐袁世凯。康有为认为，袁世凯是与维新人士在一条战线上的战士。他想，能争取到袁世凯的支持，将大大削弱荣禄（慈禧太后的主要助手）的力量。在当时，袁世凯已经具备实力，甚至可以在必要的时候除掉荣禄。光绪帝深知军事力量对变法成功的重要性，于是秘密会见了袁世凯，并私下授予他侍郎的官衔，目的是为了拉拢袁世凯，为自己效力。

康有为等人也坚信，只有杀掉荣禄，才能确保变法的成功并解救皇帝，而能够完成此事的人只有袁世凯，所以谭嗣同后来又深夜密访过袁世凯。

谭嗣同说："现在是你为皇帝效力的大好时机，以荣禄为首的顽固派想废掉皇帝，你应当挥师而出，斩荣禄于马下，然后包围颐和园。这样皇上就可以掌握大权，清除那些老朽守旧的臣子，那时你就是一等功臣。"袁世凯热血上涌，慷慨激昂地说："只要皇上一声令下，我定会全力以赴。"

谭嗣同继续强调："对付其他人还好说，但荣禄绝非泛泛之辈，要除掉他并非易事。"袁世凯目光如炬，充满自信地说："这有什么难度？消灭荣禄对我来说就像捏死一只蚂蚁那样简单！"谭嗣同着急地说："那我们现在就决定如何行动，我马上向皇上报告。"袁世凯沉思片刻，理智地分析道："这太草率了，我的军队的弹药都在荣禄的控制之下，而且许多军官也是他的亲信。我需要先返回天津，更换军官，储备弹药，才能开始行动。"面对这样的现实，谭嗣同只得同意。

其实，袁世凯是一个诡计多端且善于见风使舵的人，他这样做是为了拖延时间，是想进一步察看事态将如何发展。他可根据事态的发展做出对自己有利的决定。康有为和谭嗣同未能完全洞悉他的真实意图，被狡猾的袁世凯欺骗了。袁世凯深知实际权力仍然掌握在慈禧太后及其亲信荣禄等人手中。于是袁世凯又和慈禧的心腹们勾搭上了，他确信在此次较量中，慈禧拥有决定性的优势，所以，他决定先稳住谭嗣同，再向荣禄告密。

不久，袁世凯便回到天津，将维新派欲发动兵变的情况一五一十地告诉了荣禄。荣禄当即决定前往北京面见慈禧太后。结果，维新运动，最终因袁世凯的告密而告终。

第二天天一亮，慈禧就命人将光绪帝押到瀛台幽禁起来。她随即发布命令，废除了正在进行的变法法令，并逮捕维新变法人士和官员。历经103天的维新变法最终以失败告终。谭嗣同、林旭、刘光第、杨锐、康广仁和杨深秀在北京菜市口遭到斩首，英勇牺牲了。谭嗣同临刑前大义凛然，在狱中写下了"我自横刀向天笑，去留肝胆两昆仑"的悲壮诗句。

鉴历史　得智慧

善于变脸的小人，他们的处世哲学是当面一套，背后一套，过河拆桥，不择手段。他们当你春风得意时，即使不久前还是"狗眼看人低"，马上便会趋炎附势，笑容堆面；而当你遭受挫折，风光尽失后，他们则会避而远之，一副满脸不屑的神气，甚至会落井下石。这就是"变脸的小人"，他们的存在，让我们更加明白，人生的道路并非总是平坦，我们需要学会看透他们的真面目，以此来更好地面对生活的挑战。

言拙意隐，辞尽锋出

《止学》中有言："物朴乃存，器工招损。言拙意隐，辞尽锋出。"这句话的意思是，物朴实无华才容易得以保存，器具精巧华美容易被争抢而招致损坏。拙于言辞才能隐藏真意，话语说尽锋芒就会显露。

王陵是西汉初年重臣，早年追随汉高祖刘邦东征西讨，刘邦以兄礼相待。他为人仗义，坦率直接，说话从不遮遮掩掩，因此得罪了很多人。

据说，刘邦心中对雍齿甚是反感，但王陵早年与雍齿建立了深厚的友谊。有一次，刘邦把王陵招来，脸色阴沉地对他说："雍齿为人卑鄙，行多不检，许多人都唾弃他。我真不明白，为何你们能相处呢？"王陵说："主公所不喜之人，他人未必敢与之为伍。我并没发现雍齿有何不妥，此外，这是我个人之事，不应由主公干预。"

刘邦心中有气，却也不便发泄，只好挥手让他告退。王陵内心同样愤慨，遂与挚友周勃说了此事。周勃连叹数声，告诫道："直言于君主是不明智的举动。君主对雍齿的憎恶，人尽皆知，你与其交往已属不避嫌疑，又怎能吐露心声。此举或重或轻，然君主必记挂于心。"

王陵不服，说："我的忠诚，绝无二心，几句实话他也会放在心上？大丈夫光明磊落，畏首畏尾、口是心非的事不该去做。"

刘邦平定天下后，对王陵之前的行为仍心怀不悦，并未给予王陵丰厚的封赏，仅赐予他为安国侯。王陵心有怨气，直欲找刘邦争辩，他的家人跪地哭劝他说："你的祸端全都源于你说话不严谨，欠思考，此刻还想惹祸生事吗？倘若你前往辩驳，恐怕我们也将因此丧命。"看到家人苦苦哀求，王陵这才压制住了心中的怒火。

刘邦驾崩之后，其子刘盈继承皇位，即汉惠帝，然而实权迅速落入了吕后之手。王陵任右丞相两年之后，汉惠帝去世。有一天，吕后邀请了王陵、陈平与周勃等重要官员，并提出了一项建议，希望吕氏的子嗣能被册封为王，吕后征询在场各位的意见。陈平、周勃听到吕后的话后，都低头不语，而王陵却马上说："先皇曾宰杀白马，歃血订盟，说'倘非刘氏而立为王，天下人共击之'。先皇的遗训不能改变。吕氏立王之说，便不可行了。"

吕后听了十分不悦，转而问陈平、周勃的意见，他们二人却道："时势有变，其道自不同了。先皇平定天下，分封刘氏子弟为王，理所应该。如今太后临朝执政，吕氏子弟又有大功于国家，称王自无不可，合当施行。"吕后听后笑逐颜开，对他们二人连连夸奖。

后来，王陵被罢黜宰相后，没过几年就病逝了。陈平和周勃却成功保全自己，成为后来诛杀吕后的主要力量，为汉室江山的重兴做出了贡献。

鉴历史 得智慧

言辞谨慎，不露锋芒，常常是成大事者智慧的显现。浅薄者信口开河，不仅暴露了他们的肤浅，也让人一眼看穿其心意，其架势更讨人生厌。言语作为交际的一个重要手段，只有措辞得当，有所保留，才能事事有成，与人无咎。在与他人交往的过程中，我们尤其需要掌握好自己的言辞，避免"祸从口出"。

第三章

知人善用，慧眼识才

萧何追韩信，用人需慧眼

萧何是"汉初三杰"之首，早年就跟随刘邦起兵，是个思维敏捷、善于识别人才的人。萧何时常留意身边的人是否是可用之才，他从与韩信的几次谈话中就发现韩信是个不可多得的人才，于是，他准备找机会向刘邦推荐。可是机会没等来，韩信因为得不到刘邦的重用，就在一个晚上背着宝剑，偷偷地逃走了。

萧何听说韩信不辞而别很是着急。为了不让这个英才就这样埋没，他跨上一匹快马，在一个月色朦胧的夜晚，向韩信逃走的方向追赶去。由于对地形不熟悉，加之找不到人问路，韩信在一个山谷徘徊了很久。忽然，他远远地看见一个人骑马急追而来，吓了一跳，赶紧没命似的向前飞跑。

紧追的过程中，萧何确认前方奔跑的人正是他寻求的韩信，于是高声呼唤："韩壮士，请稍候！"

韩信一听是萧何的声音，他紧绷的神经终于放松了下来，因为他知道萧何很赏识自己的才能，就停了下来。萧何赶快下了马，拉着韩信的手，急迫地说："韩壮士快随我去见汉王吧，他是一个值得效忠的一代明君，并且也很重视人才，以你的才能，他准会重用你。请您稍候几日，不必心急！"韩信见萧何诚挚推荐，因此放弃原计划，随萧何返回去了。

刘邦原本以为萧何和韩信都走了，十分生气。但没过几天，萧何又回来了，刘邦就责问他："这几日一直没有看到你，你干什么去了？为什么不告诉我一声？"萧何回答说："我去追韩信了。"刘邦满不在乎地说："众多将士逃离，你未曾追其他人，为何唯独追求韩信？

萧何郑重地回答："大丈夫能屈能伸，大王不应小瞧他。其他将士易得，但像韩信这样的人才却难得一见。若大王仅满足于做汉中之王，那么确实不需要韩信；然而，若要争夺天下，像韩信这样的人才则是绝对需要重用的。"

随后，刘邦表明自己的雄心壮志，明确表示他的目标不仅仅是局限于统治当前这个小的区域，而是有着更宏伟的目标，即争夺天下，统治万民。

萧何很是了解刘邦的野心，他提议，为了实现这一目标，需要利用人才，特别是像韩信这样的能够助他平天下的人才。萧何进一步提出，仅仅是将韩信任命为将军，对于像他这样的人来说是一种浪费。刘邦立刻决定将韩信提拔为大将军，萧何非常赞同这一决定。

于是，刘邦打发人去把韩信叫来，说要拜他为大将军。萧何听了赶紧制止说："大王平时对人不讲礼教，今天拜大将军可不能像平日那样，随随便便把人叫来。您如果真心实意要拜韩信为大将军，就应当选定一个吉日，斋戒三天，然后筑坛拜将。这样才显出您爱惜人才的诚意。"就这样，在一个良辰吉日，韩信被刘邦正式册封为大将军。

韩信被封为大将军之后，觉得是时候一展自己的才能了。他结合当时天下趋势，认为能够与刘邦抗衡的只有项羽一人。但项羽有自身的弱点，那就是有猛无谋，行事犹豫不决，不会用人，更重要的是他失掉了民心，老百姓都很怨恨他。要打败项羽并不难，只要反其道而行之就行。韩信建议刘邦要放手任用勇敢善战的人，等到胜利以后，要把封邑土地封赏给有功之人，最重要的是争取民心，得到老百姓的拥护。韩信给刘邦贡献具体的策略说："被项羽分封在关中地区的三个秦朝降将，即雍王章邯、翟王董翳、塞王司马欣，原先帮助秦始皇镇压过老百姓，是老百姓最痛恨的，可以先拿这三个人开刀，然后再往东去跟项羽争锋，夺取天下。"

刘邦听后极为满意，他紧握韩信的手并表示赞同："萧何曾经指出，唯有得到韩信才能夺得天下，此言不虚。"刘邦深感遗憾未能早点遇到韩信，遂决意依照韩信的策略东征，挑战项羽，争夺霸权。

鉴历史 得智慧

在选拔与任用人才的过程中，关键在于赋予人才与其能力相称的职权和职位，从而确保人才能够充分发挥其潜力。这个简单的道理往往是择才中最容易失误的环节，择才者只知道将人才召集来，却不知道知人善任。只有知人善任，将人才配置以合适的位置，择才者才算尽到了责任，才算对人才、对大局有了一个交代，不然草草了事，该授予重职的不授予，担不起重职的偏偏相中，本末倒置、黑白颠倒，则会造成人浮于事、按资排辈的低效率人事结构。随着时间推移，真正的人才无法获得展现才华的机会，最终可能导致他们另谋高就。

远在千里，智用三将

合肥自古就是兵家必争之地。建安二十年（215年），东吴十万大军围攻合肥，相对曹魏的七千兵力来说，占了巨大优势。当时，曹操北征汉中还没有回来。魏将张辽、李典、乐进诸部奉曹操之命镇守合肥。但是，张辽、李典、乐进三人平时就意见不合，在孙权大军进攻合肥之际更是意见相左，应该退却还是继续前进，三人无法统一意见，合肥的形势异常危急。

在这个危急时刻，曹操虽身处汉中，却对远在合肥的防御战事的人事调度做了详细规划。他派人送来密信一封，传达了其指示："若孙权挥军进攻合肥，由张、李二位将军负责迎战，而乐将军守城。"三将看完信后，张辽主动请缨，愿亲自领军出战，与敌人决一死战。尽管他担忧其他两位将军可能不会赞同，但李典经过一番沉思，最终被张辽的决心所感染，慷慨陈词道："此事关乎国家利益，岂能因私怨忽视大义？"他表示愿放下前嫌、服从命令，并全力协作守卫合肥。

张辽首先带领由八百个壮士组成的精锐部队，抱着必死的决心，对吴军发起了猛烈的突袭。这场突击势如破竹，张辽与其精锐部队直捣敌军阵营。面对突如其来的曹军，孙权感到震惊和恐慌，初时甚至不敢迎战。然而，当他察觉到张辽兵力很少后，迅速调动部队进行反击。张辽浴血奋战，率领数十人杀出了一条血路，突出了重围。但是也有一部分士兵未能突出孙权的包围圈，他们看着张辽，大声喊叫："将军万不能舍下我们呀！难道将军就这样逃离吗？"看到与自己并肩战斗的将士陷入危难之际，张辽不顾个人安危，再次回马冲到吴军之中，成功地营救了剩余的战士，其表现得威猛无比，无人敢阻挡。

此役过后，吴军的士气大受打击，而曹军士气大涨，军心大振。魏军守城情绪高涨，孙权攻城十余日无果，只得带领部队撤离。就这样，魏军取得了保卫合肥的胜利。而在吴军撤退至逍遥津时，张辽再次率兵发起偷袭，令吴军措手不及。这次袭击严重削弱了吴军的战斗能力，甚至在混战中，孙权本人也险些被张辽俘获，幸亏得到凌统、甘宁等将士的拼死保护，才得以脱身。

曹操智用三将的故事其实就是知人善任的典型例子。他知道把这些人放在什么位置上最合适。曹操深知张辽、李典、乐进三人的个性：张、李二人勇武，善于作战，而乐进性情稳重，善于守城。曹操巧妙地调和了这三人之间的矛盾，使他们能够在关键时刻抛开过往分歧，相互协作，形成了一支强大的合力，最大限度地激发了他们的战斗力。

鉴历史 得智慧

大量的史料证明，曹操从汉末群雄中胜出，靠的是求才若渴、唯才是举，集众智，用众力，不搞一言堂，用人重大局、讲团结。现实中，如果你有领导管理的能力，也需要像曹操一样熟悉属下的才能，只有用其所长，避其所短，充分发挥其才智，才能使自己的属下做出最好的成绩。

王旦慧眼识人

　　王旦是北宋时期名相。一天，宋真宗召见王旦，说："曹玮在秦州期间屡建奇功，现在打算告老还乡，请人接替他的职位，你认为谁能够替代曹玮呢？"王旦回答说："李及可以接替曹玮。"宋真宗就同意了王旦的这一提议。

　　朝中大臣们对宋真宗的这一决定持有不同的意见，他们认为李及虽然为人谨慎、忠厚，品行端正，但并非驻守边疆的合适人选，让他去接替曹玮的职位，恐怕难以胜任。于是他们委托韩亿大将军去拜访王旦，表达他们的意见和担忧。王旦看到韩亿前来拜访自己，一下就明白了他此次来的目的。对于韩亿所说的问题，王旦并未直接回答，只是谈论些无关紧要的事情，韩亿多次试图让王旦正面回答问题，但都被王旦巧妙地回避了。

　　后来，李及到了秦州，当地官兵们因为他并非将才，没有战功，并没有将他放在眼里。李及发布命令时，他们也不积极回应。李及对此并不介意，总是表现得很大度。就在李及上任后不久，秦州发生了一件事情。一名士兵在光天化日之下抢夺妇女的银钗，被官吏们抓住，带到了李及那里。当时，李及正在屋内看书，就将那名士兵叫到跟前，简单审问了几句，那名士兵就认罪了。李及并未与下面的官吏商量，立即下令将这名犯罪的士兵斩首，然后又悠闲地继续看起书来。当地官兵们纷纷表示惊叹和佩服。因为他们没有想到这位并非将才的李及竟然能够如此果断地处理事情。

这件事后，李及美名远扬，一传十，十传百，传到了京城，韩亿听闻后，又去见王旦，将李及在秦州办的案告诉了王旦，并称赞王旦识人独具慧眼。王旦说："戍边的士卒干偷鸡摸狗的事情，主将将他斩首，这是很一般的事情啊，有什么好称赞的？我之所以推荐李及，并不是因为这个原因，而是因为曹玮在秦州任职多年，边境的少数民族都惧怕他，所以不敢轻易骚扰边境。曹玮将边疆事务处理得井井有条，近乎完美了。假如我派其他人去，他们为了彰显自己的才能，必会大大地改变先前曹玮的治理措施，败坏曹玮的政绩。而李及为人稳重忠厚，定会谨守曹玮的事业，这样边疆也能安定。"听完王旦的话，韩亿越发叹服王旦的见识与气度了。

鉴历史 得智慧

通过这个故事，我们可以看出领导者的核心能力之一便是有效地发挥团队潜力。这要求领导有一定的洞察力，能够准确评估团队成员的优势，了解他们的个性以及擅长什么类型的工作，以便合理地分配工作。王旦就是这样一个合格的领导，独具慧眼识人才。

同理，自我认知也是关键，明确自己的优势和劣势，对于个人发展至关重要。在做工作的时候，应当优先选择与自身专长相符合的工作，这样不仅有利于提高工作成效，还可能赢得上级的认可。同时，对于那些自己不擅长的领域，要持续学习以获得技能的提升。

依梦求贤

　　商王小乙去世后，武丁继任商朝君主之位。此时，殷商的国力已经大为衰退。武丁是一位非常贤明的君王，从小就留心国家大事。他继承王位后，兢兢业业，勤于朝政。尽管武丁个人能力出众，但身边却没有得力的大臣辅佐他。这导致他常常因国事繁重而夜不能寐，心怀忧闷。尤其在他的父亲小乙驾崩之后，武丁遵循传统礼俗守孝三年，期间更是郁郁寡欢，整整三年未曾言语，反映出他对父亲去世的深沉哀思以及对国家未来的深切忧虑。

　　在一天深夜，武丁忽然做了一个梦。梦中他遇到一位酷似囚犯的人，身着粗麻布衣，胳膊上套着一条很粗的绳索。他的背有点驼，正弯腰卖力地干活。看到这种情景，武丁内心一阵触动，于是走上前去与其交谈。那个驼背的人抬起头来，武丁察觉到其目光中流露出深邃的智慧。再看他的面容，明明不认识，武丁却生出一种似曾相识的强烈感觉。蒙眬中，武丁觉得那个人向他谈了许多有关国家的大事，其言谈条理清晰、逻辑严密，与武丁的理念不谋而合。正当武丁欲询问其身份之时，却被早晨的钟声惊醒了，这段神秘的梦境就这样结束了。

　　武丁上朝以后，那个梦境依然不能让他释怀，梦中之人好像真的存在一样。于是，武丁把梦中所见之人的容貌画了下来，并命下属复制该画像，以便依画像寻找梦中之人。他又用书面形式告诉大家，神托梦给他，告诉他梦中之人就是他日思夜想所要寻找的贤臣，并命令文武百官四处寻访此人。过了很久，其中一个大臣寻访到北海的傅岩，发现了一个名叫"说"的奴隶。他的容貌与武丁所绘制的肖像惊人一致。更为关键的是，这位奴隶正忙于修复因洪水破坏的道路，手持木杵的情景恰如所描述的模样。那个大臣高兴得不得了，坚信已找到武丁所追寻的人选，于是连夜用大车把那个奴隶带回去了。

那个奴隶就这样很快被带到了武丁面前。武丁一看，此人正是他梦中的那个人。武丁高兴地说："您就是我要找的人呀！"这是他自从父亲去世后第一次开口说话。那个奴隶在武丁面前毫不畏惧，态度从容，镇定自若，谈起国家大事来口若悬河，滔滔不绝，表现出深厚的知识底蕴和卓越的才智。武丁听了很高兴，当即便对他说："有了你的辅佐，复兴殷的愿望一定可以实现。你就是上天赐给我的大贤啊！"武丁随即任命他为殷国的宰相。因为他是从傅岩来的，人们就称他为傅说。他住过的那个洞，后人称其为"圣人窟"。

在傅说任职宰相期间，他全心全意辅佐武丁治理国事，提出了许多富有洞察力的建议和有效政策。武丁对他几乎言听计从，因而他的那些正确的决定总是被武丁大加赞赏并且全部采纳。得益于傅说的睿智辅政，殷朝的综合国力迅速增强，最终实现了武丁复兴国家的宏伟愿景。

传说傅说死后，灵魂化作了一颗璀璨之星，升上了天空。据说在箕星和尾星之间有一颗闪闪发亮的小星，就是傅说的灵魂变的，人们称它为"傅说星"。

鉴历史⑤得智慧

对于傅说来说，贫穷的身份、褴褛的衣衫、低贱的社会地位，都不能影响他的睿智和贤能。武丁能够无视他的出身，虚心向一名奴隶求教，很好地展现出自己的王者风范，同时终于找到了梦寐以求的贤臣，实现了自己复兴国家的愿望。

现在我们生活在一个充满机遇的社会中，这个时代崇尚才华与能力，只要你拥有真才实学，不论你的背景或起点如何，你都能闪耀光芒，找到属于你的舞台。在这个多元化的世界里，只要努力学习知识技能，让自己的能力更突出，你的才华是不会被埋没的。无论走到哪里，只要你有实力，机会总会为你敞开大门。让我们怀揣热情，在人生的舞台上尽情绽放自我，展现自我价值吧！

周文王求子牙

姜子牙是一位杰出的军事家和政治家，生活在距今三千多年的商周之际。姜姓，名尚，字子牙，因为他后来被周文王号为"太公望"，又叫姜太公，姜望。

早年间，姜子牙只是一位居于商朝都城朝歌的屠夫，生活困苦，才华未得以施展。正是周文王，一位渴望招纳天下人才以实现大治的明智君主，为他提供了展示才华的舞台。

自盘庚去世之后，商朝又历经了十位君王，而末代之王便是纣王。纣王原本是一个相当聪敏又有勇气的人，早年曾经亲自带兵和东夷进行过一场长期的战争，最后平定了东夷，把商朝的文化传播到淮水和长江流域一带。然而，连年战争消耗巨大，使得百姓们生活在水深火热之中。

纣王与夏朝的最后一位君主夏桀一样，都沉溺于个人的享乐之中，面对生活在苦难中的百姓置若罔闻。他不断修建豪华宫殿，在他的别都朝歌造了一个富丽堂皇的"鹿台"，把搜刮来的金银珍宝都贮藏在里面。同时，他还建造了一个名为"钜桥"的巨大粮仓，用于存放从百姓手中夺取的粮食。纣王与宠姬妲己过着纵情享受、极尽奢侈的生活。他还用严酷的刑法来镇压不满其统治的人民。对于背叛他的诸侯或反抗的百姓，他采用了一种残忍的刑罚——"炮烙"，即让犯人遭受被烧红铜柱灼烤至死的痛苦。

正是纣王的这种残酷无情的统治方式，催化了商朝的覆灭。这时候，在西部的一个部落——周，正逐渐兴起并蓄势待发。周本是一个古老的部落，夏朝末年，这个部落就生活在现在的陕西、甘肃一带。后来，因为遭到戎、狄等游牧部落的侵扰，周部落的首领公亶父率领周人迁移到岐山下的平原定居下来。周文王继位后，周部落已经很强大了。周文王以他的卓越政治才能而著称，与当时商朝的君王纣王形成了鲜明对比。周文王禁止贵族酗酒和猎捕，并提倡养殖牛羊，鼓励农耕，这些措施有效地促进了社会经济的繁荣。周文王也因其开明的态度而声名远扬，他积极吸纳人才，使得许多有识之士纷纷前来投靠。

周逐渐强盛起来，对商朝构成了威胁。有个大臣崇侯虎在纣王面前说周文王的坏话，说周文王的影响太大了，对商朝的未来会有不利影响。纣王下令将周文王拘禁于羑里。为了救出周文王，周部落的贵族把许多美女、骏马和珍宝献给纣王，又送了许多礼物给纣王的亲信大臣。纣王见了美女珍宝，高兴得眉开眼笑，说："光是一样就可以赎姬昌了。"于是他立刻把周文王释放了。周文王得以重获自由后，清晰地认识到纣王的无道和暴政已导致民心涣散，基于这一判断，他决定讨伐商朝，可是身边缺少一个有军事才能的人来帮助他指挥作战，于是周文王想尽办法招揽人才。

这个时候，年逾古稀的姜子牙仍然没有遇到伯乐，听说周文王在招揽人才，便拿上钓鱼竿到渭水之滨，终日借垂钓来陶冶情操和磨炼意志。姜子牙的钓鱼方式别具一格，从来不用鱼饵，且鱼钩是直的，正所谓"姜太公钓鱼，愿者上钩"。其实姜子牙并不是真的钓鱼，只是想看周文王是否识才，能否放下架子求才，进而决定是否为他效力。

据传，有一天，周文王坐着车来到渭水北岸巡视。在那里，他看到一位老者在河岸边悠然自得地钓鱼。尽管随行的队伍颇为壮观，这位老者仿佛没看见，继续沉浸在自己的垂钓之中。周文王见状，颇感诧异，遂下车与那位老人聊起来。姜子牙说："悬纶垂钓与治国平天下，虽事有大小之别，目标也有高下之分，其道理却有相通之处。钓鱼的三大要领无非是钓点判断、饵料设计和提竿溜鱼，而治国平天下也有三大法宝：提供优渥的待遇是为了让所用之人贡献聪明才智，提倡视死如归的精神是为了让士兵英勇善战，设立高职厚禄以吸引贤才辅佐君王完成伟业。"

周文王见姜子牙口若悬河，对治国平乱颇有心得，激动难耐，知道他是一个才能出众、学识渊博的人。姜子牙见周文王涵养渊博、气度非凡，心想他就是自己要等的伯乐。最后，姜子牙跟随周文王回到周部落，开始辅佐周文王。

鉴历史 得智慧

日月如梭，往事悠悠，三千多年的光阴已经逝去。在当今，我们备感人才缺乏，而历史经验给我们提供了宝贵的参考。常言道：千里马常有，而伯乐不常有。千里马固然重要，然而假如没有伯乐发现它们，识别它们，千里马也就只能骈死于槽枥之间。从这个意义上说，周文王的留心求才，慧眼辨才，更值得我们赞赏和学习。

燕昭王筑造黄金台招贤

燕王哙的小儿子名职，即燕昭王。其实燕王哙并没有把王位传给自己的儿子，而是禅让给了相国子之。这个决定使燕国爆发了内乱。齐国齐宣王以讨伐子之、扶持太子的名义出兵燕国，一度进犯至都城，燕王哙及相国子之被杀。这场战乱使得燕国百姓流离失所，燕国几乎亡国，史称"子之之乱"。职于流离失所之际，初赴韩国，继而转至赵国，受到赵武灵王扶持，并助其返国即位。公元前311年，职继承王位，史称燕昭王。

在战国七雄当中，燕国本实力很弱，内乱进一步削弱了国家力量，使疆域分崩，民心涣散，加之外患，情势岌岌可危。即位不久的燕昭王誓要振兴已然千疮百孔的燕国，打算招募贤才，决心力挽残败的国势。他首先拜访了燕国的谋士郭隗，与郭隗做了一番有关人才问题的推心置腹的谈话。

郭隗说："让天下人心向己的君主视才如师，与其同朝共事；成就王业的君主待才如友，与之并肩作战；成就霸业的君主则将人才视为臣下，与其共同处理国事；让国家灭亡的君主，则把人才当作苦力任意驱使。若能卑躬屈节地去伺候人才，把人才请到堂上虚心求教，远超自身的杰出者将纷纷来投；操劳在前，休息在后，求教比别人早去，别人已经不问了，自己还求教不止，那么十倍优于自己的人才将汇聚而来；别人做什么，自己就做什么，那么和自己一样的人就会到来；若模仿他人之所为，那么只能吸引与自身相仿的人才；若是傲慢无礼，只会招来听命行事的仆人；若以愤怒和威压待人，最终只能拥有唯命是从的奴才。"

郭隗告诉燕昭王，在当前这个战乱不断的年代，为了维系国家的长治久安、实现国家强盛的目标，统治者必须放下身段，以谦卑之心向有识之士求教。如此，方能迅速吸引并聚集各路英才为国所用。

足智多谋的郭隗紧接着讲了一个有趣的故事。一个君王非常想要得到一匹千里马，然而三年的苦苦寻找却未能如愿。他的手下主动请缨，承诺能够完成这项艰巨的任务，于是君王便委派他为使者，负责寻找千里马。经过三个月的寻找，这位使者在途中偶然遇到了一群人围观一匹死去的马叹息不已，使者觉得很奇怪，过去问是怎么回事。有人告诉他说："太可惜了！这可是一匹日行千里、风驰电掣般的千里马呀。"随后使者竟做出了个令人百思不得其解的做法，他竟用五百金买下死马的骨头，运回去见国君。国君见了大怒，说："我要的是活的千里马，你却用重金换取了这些无用的骨头。"使者却自信地解释道："国君爱千里马，国人尚未明了。我故意用重金买回一副千里马骨架，必然引起众人好奇，就会竞相宣传。若对于死马都如此看重，那么活马的价值又该何等珍贵？天下人都会认为大王能赏识千里马，而千里马也将不远万里而来。恳请大王耐心等待。"正如使者所预言，不到一年的时间，君王便成功获得了三匹令人梦寐以求的千里马。

故事讲完后，郭隗便对燕昭王说："若君王真心渴望招纳贤才，就从重视我郭隗开始。倘若像我这样的凡夫俗子都能受到大王礼遇，那些真才实学之士必将慕名而来。"燕昭王觉得郭隗的话很有道理，于是封他为国师。同时，燕昭王在易水河畔筑起一座高台，上面的黄金堆积如山，此台专为吸引四方的英杰所设，取名"黄金台"，又叫"招贤台"。

这则消息迅速传遍诸侯国，于是，赵国的剧辛、齐国的邹衍等名士相继来到燕国。魏国人乐毅得知燕昭王高筑"招贤台"，也来投奔燕国。燕昭王了解到乐毅通晓兵法，满腹韬略，就拜他为亚卿。得益于这些智者的辅佐，燕国国力日益壮大。后来，乐毅为报燕昭王的知遇之恩，充分发挥自己的才能，率领燕国军队一举攻下齐国七十余城，一直打到齐国国都临淄，齐王逃窜，而珠宝珍器、车马辎重悉数归燕，终于破齐雪恨，为燕昭王报了杀父之仇。

鉴历史 得智慧

善于发现人才的眼睛，往往都是从重用和珍惜身边的人才开始。领导者不要好高骛远，眼高手低，忽视身边的人才，舍近而求远。榜样是最好的广告！一个单位，一个企业，要想招贤纳士，激励来者，也应该树立尊重人才、爱惜人才的榜样，通过榜样力量的感召，从而吸引和激励更多有才华的人士加入其中。

李世民重用布衣宰相

唐太宗李世民求贤若渴，在寻求治国理政的贤能时，他不遗余力地亲自挑选适合的地方官员，对于寻找和培养杰出的官员表现出了极高的热忱。

贞观五年（631年）的一天，李世民像往常一样审阅奏章。当李世民看了常何的奏章，简洁而有力，逻辑严密，完全符合自己的意图时，真是又惊又喜。但他突然意识到，常何是位武将，读书甚少，不可能独自撰写出这样的奏章。在经过询问之后，李世民得知这些建议实际上来自常何家中的客人马周。

马周是山东博州茌平人，幼年失去父母，生活贫困，但他刻苦好学，不仅精通史书，志气谋略也样样过人。他曾担任过博州的助教，但因博州刺史言语粗犷，激得马周大怒，导致他愤然离开，之后他辗转汴州，最后来到了长安，并在那里得到中郎将常何的赏识，被接纳为食客。常何带兵打仗颇有才能，而舞文弄墨却显得力不从心。为了落实唐太宗的旨意，他只好请马周代笔。马周运用他卓越的才华，连夜撰写，成功为常何论述了二十多项重大议题。

李世民听后，当日召见马周。因马周一时未到，他竟一连四次派人去催。等到同马周交谈后，李世民十分喜悦，下令把马周安置在门下省任监察御史，后提拔为中书舍人。作为意外所得，李世民将马周视若至宝，马周也的确很有辩才，善于奏事，对事物洞察深刻，每次上奏都切中要害。李世民爱才心切，私下曾对人说："我一日不见马周，就十分想念。"

贞观十八年（644年），经多次提升后，马周受任中书令兼太子右庶子。尽管兼任两个重要职位，但他处理事务十分公正，因此赢得了广泛的赞誉。此后，他还曾代理吏部尚书一职。

李世民多次对身边的大臣说："马周识大体、顾大局，敏感性强，观察事物敏锐，做事果断，品性忠诚正直，品评他人都能秉公而论。我任用他所推荐的人，多能合我意。他尽忠尽节，又亲近归附我，确实可以借助于他，使我更好地治理国家啊！"

马周最后做到中书侍郎、中书令要职，成为贞观时期的重要大臣。他并未辜负李世民对他的期望，为唐朝的繁荣兴盛做出了贡献，人们都称他为"布衣宰相"。

鉴历史　得智慧

唐太宗凭借审阅奏章，精准地辨识出真正的贤才。马周以他简明扼要、逻辑严谨及鞭辟入里的分析言论，赢得了太宗的赞赏，被委以重任。而马周敢于直言，以及识大体、顾大局的种种做法，进而证实了唐太宗在识人方面独具慧眼。

蔡邕爱才好士

王粲是"建安七子"中最杰出的文学家之一。他早熟早慧，少年时代便以广博的知识、卓越的才智和惊人的记忆力而闻名。因此，小小年纪便声名远扬。

在14岁那年，王粲抵达长安，遇到了人称"蔡中郎"的文官蔡邕。蔡邕学富五车，文学造诣极高，一生写下的艺术作品不计其数。他修养极高，温文尔雅、礼贤下士。尽管当时社会局势不稳定，但蔡邕的府邸依然门庭若市，访客络绎不绝。一天，王粲前来拜访蔡邕。那时，蔡邕的宅邸内宾客如云，座无虚席，蔡邕与来宾们席地而坐，谈笑风生。突然，一名家仆向蔡邕耳语了几句，蔡邕立即回应道："快请进，快请进！"他迅速站起身来，由于过于匆忙，甚至未穿好鞋，便匆匆趿拉着鞋子朝外走。在座的客人们从未见过蔡邕如此慌张，心中纷纷揣测："来者何人？必定非同小可！"

当蔡邕把王粲领到众宾客面前时，在场的宾客们都惊讶不已，小声议论着什么，有几个人还下意识地用手背揉了揉眼睛，简直不敢相信，原来是一个14岁的少年，身形羸弱，肤色黝黑，相貌平平，体型瘦小，看似毫不显眼。相比之下，蔡邕已是耄耋之年，文名显赫，却在此时对一位少年如此礼遇，确实令在场的每位客人困惑不解。

蔡邕知道众宾客肯定非常疑惑这个小毛孩是谁。于是，拉起王粲的手向在场的众人说："这位客人可是无与伦比的神通！他叫王粲，虽然只有14岁，诗赋文章却无一不精。他才华横溢，悟性极高，甚至在某些方面我已无法与之匹敌，我坚信，在未来他将远超我。"自古文人相轻，蔡邕如此谦逊，难能可贵。经蔡邕一番介绍，众人都向王粲投以赞许的目光。

蔡邕拥有丰富的私人藏书，总计逾万卷。虽然历经战乱损失了部分，但所剩藏书仍然构成了一座知识宝库。蔡邕对王粲赏识有佳。他有意将自己珍藏的图书赠予王粲，并满怀感慨地告诉他："我希望将毕生收藏的宝贵图书典籍全部赠送给你。将这些书籍传给你，定能发挥出它们最大的价值。我希望你勇攀知识高峰，不枉费我对你的殷切期望。"

16岁时，王粲被任命为黄门侍郎，但他见政局混乱，朝廷仅是虚有其表，因此选择南下前往荆州，投奔实力派刘表。刘表的门客众多，其中不乏才智之士，但年纪尚轻的王粲，却迅速崭露头角，被荆州文人公推为文坛盟主。这一成就也与蔡邕的睿智识才有关。

王粲是建安文坛上的一颗明星，当他的才华还没有被世人认可的时候，名满四方的蔡邕却能居才不傲，慧眼识才，对毫无名气的王粲礼遇有加。

鉴历史 得智慧

蔡邕虽身居高位，却仍然能以谦卑的态度对待他人。这种态度就像山间的清泉，无论流淌到何处，都保持着那份清澈与纯净。他明白，生活中的每一分尊重、每一分理解、每一分关爱，都是人与人之间的桥梁。这些桥梁不仅连接了人与人之间的心灵，也让生活更加丰富多彩。而在人生的道路上，我们总会遇到各种各样的人和事。有时候，一个人的才华和能力可能会被忽视，而我们需要的是一双"慧眼"，来发现他人的潜在价值。这不仅是对他人的认同和鼓励，更是一种生活的智慧。

曾国藩用人秘籍

曾国藩是中国近代理学家、战略家、文学家，十分讲求用人之道。他自创了一套较为完整的人才选拔和使用理论，并应用在自己的政治、军事实践中。他强调人才之间具有相互吸引的作用。他在致友人的信函中，以生动的比喻阐述了这一理论："求人之道……又如蚨之有母，雉之有媒，以类相求，以气相引，庶几得一面可及其余。"意思是说，访求人才要像青蚨的母子不离开一样，要像家雉招致野雉那样，注重人才的相互吸引，使其能够结伴而来。这里面有一个典故，传说青蚨是一种在草叶上繁殖，可以飞行的小虫，青蚨的一个重要习性就是母子相依为生。如果得到其子，其母必将追随而来。曾国藩以此做类比，反映了一个核心人才吸引原则，即物以类聚、人以群分，一旦招揽到关键性人才，便能引发连锁反应，吸引更多相关人才。

在这种方法的指导下，曾国藩招纳了李鸿章为己所用后，又把李鸿章的兄弟李瀚章等招揽到自己门下。湖南名士罗泽南是一位学术造诣颇深，也很有治才经验的人，他曾经长期为师授徒，门下弟子众多。曾国藩招揽罗泽南以后，罗泽南的弟子闻讯后，纷纷来投靠曾国藩，其中有名的就有李续宾、李续宜、王鑫等。后来他们有的在湘军中担任重要职务，如李续宜便是湘军中一位英勇的战将。徐寿是中国近代史上著名的科学家，他在投奔曾国藩之后，又推荐了另一位科学巨匠华蘅芳。

曾国藩也重视利用乡籍关系招揽人才，特别是湖南地区的人才，他更是全力以赴地罗织。例如，除了他的兄弟之外，他还招揽了左宗棠、王闿运、郭嵩焘、刘蓉、彭玉麟等人，这些人之后有的是封疆大吏、外交家，有的在学术界的声望也是无人能及。有人统计过，晚清时期政治、文化与科技领域中，有三分之二的杰出人物均源自曾国藩的门下。曾国藩的势力之广和影响之深，是绝无仅有的。到底是什么原因呢？原来，曾国藩有一个培养人才、笼络人才的秘诀，那就是他把人才放出去，他们所争夺的权力和利益，最终也将回馈给曾国藩。

曾国藩的成功，归根结底是扶持人才的成功。他在造就人才方面有一条很重要的体会："对人才要倍加珍视，赞美时应如春雨润物，训诫时应似霜露凌厉。口不绝赞语，笔不停劝勉，何人不志在高远！"

从历史和自己的经历中，曾国藩总结出一条成功的铁则，那就是：为了实现组织扩张的宏图，领导者需采取分权的策略，赋予下属足够的自主权以促进他们的自由发展。而选择什么样的下属赋予自主权，以及在何时给予他们独立的成长空间，均是决策中的微妙之处，需要谨慎斟酌。

李鸿章所募淮勇到安庆后，曾国藩亲自为他定营务规则、武器运用及薪粮标准，全部依照湘军的制度来执行，甚至利用湘军的训练规范进行培训。在淮军正式成立之际，李鸿章移驻至安庆北门外的新营地，而此时，曾国藩亲临现场以示祝贺。李鸿章深知淮勇实力单薄，难担重任。因此他恳请曾国藩调拨数营湘勇，以加强战斗力。

左宗棠加入曾国藩麾下后，尽管名义上担任的是四品衔帮办军务，但实际上，他迅速被委以重任，负责编练湘军。左宗棠回乡招募士兵，不久便建立了一支超过五万人的强大军队，成了一股举足轻重的力量。曾国藩大胆任用，派他收复了浙江和福建，使他很快与自己平起平坐。

鉴历史　得智慧

通过这个故事，我们知道在领导用人艺术中，能够恰当地把握授权的尺度，是提高团队效率、实现组织目标的关键。通过给予下属相应的自主权，领导者不但能促进下属潜能的释放，还能够构建一个基于信任和责任的工作环境。这种环境有利于培养出能够独立思考和解决问题的团队成员，最终形成一种自我驱动和自我管理的高效团队文化。

君圣臣贤

人是被利益驱使的动物，所以春秋战国时期纵横家的法宝就是"晓以利害"。可不要轻看了这几个字，有很多人就是被这几个字说服，也有很多人就是被这几个字葬送！但是唐太宗李世民深知，除了利益之外，感情和道义对人的影响更深远，因此，他在选择守护国土的将领时，不仅看重其才能，更看重其忠诚度和道德信念。

李勣两次率军击败突厥，为唐朝的边疆安全立下大功。当时，高宗为晋王，兼任并州大都督，而太宗则任命李勣为光禄大夫，同时兼任并州大都督府长史。李勣在并州任职长达十六年，其治理手段严格有效，政绩显著。太宗对他的评价甚高，曾对近臣说："隋炀帝过于依赖修筑长城来防御突厥，而忽视了选拔贤能将领。然而，我委任李勣镇守并州，他的威势让突厥畏惧，使得边境保持了长久的安宁。李勣不仅是一名出色的将军，更是大唐的长城啊！"由此可见唐太宗是多么信任李勣。

唐朝贞观十五年（641年），太宗李世民召李勣，授予他兵部尚书的职务。然而，在李勣尚未抵达京城之际，大度设率领八万骑兵南侵思摩部落。为应对这一紧急情况，太宗即刻任命李勣为朔州（今属甘肃省）的行军总管，率领步卒六万、一千二百轻骑追击敌军。李勣率军深入青山（今属甘肃省），在那里，他们与敌军展开激烈交战，最终大破敌军，俘获了其首领和超过五万多名士兵。当时，李勣不幸患病，大夫在处方中说，要用胡须烧成灰作药引配方可治疗李勣的病。太宗得知此消息，毫不犹豫地剪下自己的须发，以之入药，以助李勣康复。当李勣得悉此举后，极为感动。太宗说："你为大唐江山舍生忘死，我应该感谢你，不必劳烦你深表谢意。"

贞观十七年（643年），高宗被册封为皇太子，太宗征调李勣任太子詹事兼左卫率，加位特进、同中书门下三品。这一次的册封是对李勣个人能力的高度肯定，同时为李勣的政治前途做了铺垫。太宗对李勣说："现在把太子宫的事委托给你，你原是他部下的长史，对皇太子的秉性甚是了解，你要多劝诫皇儿，尽心尽力辅助他。虽然委屈了你的官阶、资历，但责任重大，请你不要见怪。"面对如此信任，李勣深受感动，泪流满面。

还有一次在宴会上，太宗曾对李勣说："我将把太子托付给朝廷重臣，左思右想，只有你是最合适的人。你过去跟从李密时，未曾负其所托，现在你也不能辜负我的重托啊！"李勣听后泣不成声，发誓要尽忠职守辅佐太子。宴席上李勣不胜酒力睡着了，太宗皇帝体贴地脱下自己的御衣，轻轻覆盖在他身上，以示恩宠与关怀。

贞观二十三年（649年），太宗一病不起，他对太子李治说："你对李勣没有恩惠，因此他对你无以报答之情。为了确保他的忠诚，我需找理由将他逐出京城。当我不在人世后，你要将他召回，并赐予他仆射之职位。如此，他将因你所施恩惠而尽忠竭力。"于是太宗真的找了个借口将李勣责出京城，任叠州都督。太子继承皇位后，当月就授予李勣洛州刺史一职，不久又加开府仪同三司，令同中书门下，参与掌管国家的机密大事。当年又拜李勣为尚书左仆射，完全如太宗临终安排的一样。

李勣仍如太宗在世时一样，兢兢业业，为国家屡立战功。后来，李勣任辽东道行军总管，征伐高句丽，率军跨过鸭绿江，直捣平壤。在这场战役中，他俘虏了高句丽王高藏，将其作为战俘献于昭陵，以此洗刷了太宗在征高句丽时所遭遇的耻辱。

鉴历史 得智慧

　　李世民对待人才有他十分独特的地方，他既不像曹操以权谋驾驭人才，也不同于刘备单纯依靠宽容与仁德。李世民采用的是一种基于深厚信任和真挚情感的互动模式。那些心甘情愿地为李世民效劳的人，大多对李世民有着深厚的感情。这些人也许正是从这种信任感中找到了价值感，而价值感是给人提供精神动力的源泉。

武则天广纳贤才，化敌为友

武则天当上女皇后，选举人才不拘一格，不仅不计较被选者的门第高低，不欺压平民百姓，更重要的是不避讳与她有仇怨的人。她对仇敌之女上官婉儿的任用就彰显了她的大度和卓越的识人用人能力。

上官婉儿是唐高宗时宰相上官仪的孙女，大臣上官庭芝的女儿。麟德元年（664年），因上官仪为唐高宗起草废黜武则天的诏书一事败露，导致上官仪被武则天所诛杀，其家族亦受到牵连而衰败。当时仅是婴孩的上官婉儿与其母郑氏被贬为奴隶。为奴期间，其母悉心教导上官婉儿，所以她很小时便能博古通今。在十四五岁时，婉儿已经长成风华绝代的美人，她举止优雅，天生聪慧，具有一目十行的记忆能力。与同龄人相比，上官婉儿的文采和文笔也显得出类拔萃。她的诗作不论是记游写景的，还是抒怀言志的，诗风都清丽、独特，是唐代诗中不可多得的佳品。

14岁时，上官婉儿创作了《彩书怨》一诗，被武则天无意中发现。武则天难以置信这么好的诗竟会出自一位女孩儿之手，便以室内剪彩花为题，让她即席作出一首五律来，要求使用与《彩书怨》相同的韵脚。婉儿稍加考虑，迅速作出："密叶因栽吐，新花逐翦舒。攀条虽不谬，摘蕊讵知虚。春至由来发，秋还未肯疏。借问桃将李，相乱欲何如？"武则天看后，连声称好，并夸她是一位才女，但对"借问桃将李，相乱欲何如"一句装作不解，武则天询问其意，婉儿巧妙回应道："是说假的花，以假乱真。"武则天进一步逼问其是否暗藏讽喻，婉儿沉着应对，指出诗歌的解释取决于解读者的心境，若皇上认为含有影射，她亦无异议。这种坦率而坚定的态度赢得了武则天的喜爱，她不仅未表怒意，反而表达了对婉儿刚强性格的赏识。

武则天拉住上官婉儿的手，亲切地给她讲起了当年自己入宫当才人时如何驯服烈马狮子骢的经历。接着又问婉儿说："我杀了你祖父和父亲，你应该对我恨之入骨吧？"婉儿依旧平静地回答："如果陛下以为是，奴婢也不持异议。"武则天又夸她答得好，还表示正期待着这样的回答。接着，武则天对婉儿的祖父上官仪的文采表示赞赏，并解释杀害他是形势所迫，如果上官仪不帮助皇帝起草废后诏书也就不会有杀他全家的事情发生了。武则天心中十分喜爱上官婉儿，希望婉儿能够理解她并效忠她！

然而，婉儿不但没有效忠武则天，却出于为家人报仇的目的，参与了政变成为罪犯。依据当时的法律，其罪应受绞刑，考虑到其年幼无知，可被贬至岭南。然而，武则天在审视此案件时提出，虽然罪行严重，但鉴于婉儿年少，若接受进一步教育，仍有可能改过自新，故此不宜执行死刑。另外，对于一个少女而言，发配至岭南，其艰苦环境及长途跋涉过于严苛。况且婉儿天资聪慧，若能加以精心培养，势必能够成为卓越之才。基于这些考量，武则天选择以黥刑处罚婉儿，即在她的额上刺一朵梅花，把朱砂涂进去。并把婉儿留在自己身边，说要亲自感化她，而且还说："如果不能感化一个小女孩，又怎么能够以德感化天下呢？"

随着时间的推移，在武则天愿用人、能识人的感召之下，上官婉儿对武则天的态度由极度的仇视和厌恶转化为尽心拥护和辅佐。武则天对上官婉儿的爱护和信任，也促使上官婉儿在日益精心服侍武则天的同时能进一步细心体会武则天的思想和谋略，成为她不可缺失的左膀右臂。从圣历元年（698年）开始，武则天在称帝时期的许多文书和昭告多数由上官婉儿起草和撰写，极大地促进了武则天帝王事业的开拓。

才华横溢的上官婉儿，在武则天的重用和熏陶下，对唐代文化的发展做出了贡献。

鉴历史 得智慧

武则天的用人故事告诫我们，在选拔人才的时候，首先要摆正自己的心态，不能因为个人的喜恶和恩怨而影响对人才的判断，要广开言路，让每个人都有机会展现自己的才华。在今天，对识人用人有着更深的理解和更高的要求。比如要用敏锐的眼光去发现人才，用包容的心态去接纳人才，用开放的思维去培养人才，只有这样才能真正发掘出人才的潜力，推动社会的进步。

秦昭襄王用人不疑

　　秦昭襄王是战国时秦国国君，名稷，亦称秦昭王。秦灭周后，列国诸侯更不敢得罪秦国了，各国使者络绎不绝地来到咸阳道贺进贡，但唯独魏国没有派出使节。对此，秦昭襄王非常气愤，计划让王稽去征伐未能进贡的魏国。由于王稽和魏国关系友好，就将这一重大消息偷偷派人去告诉魏安釐王。魏安釐王获悉这一消息后，大吃一惊，为了使魏国的百姓免受兵戈之灾，他立刻派太子亲自前往秦国赔礼道歉。这样，韩、齐、楚、燕、赵、魏六国都归顺了秦国。秦昭襄王看着此时强大的秦国心里很是自豪。

　　没过多久，王稽暗中向魏国送信的事泄露了。秦昭襄王很是愤怒，心想这个王稽实在太可恶了，竟然与魏国私通，此举不仅无视秦昭襄王的权威，更有内奸之嫌。他越想越生气，于是判处了王稽死罪。王稽一获罪，秦国丞相范雎便坐卧不宁。因为按照秦国惯例，如果推荐的人才下狱，或者具有严重问题，便对推荐者治罪。而王稽是范雎力荐给秦昭襄王的人才，如今他涉嫌与魏国勾结，这一罪行无疑严重到极点，因此，作为王稽的担保人，范雎也将面临相应的责任追究。此外，范雎此前还曾向秦昭襄王推荐过郑安平，而郑安平后来同样叛逃至魏国。

　　于是范雎打扮成罪人的样子，把自己捆绑起来，来到秦昭襄王的宫中谢罪，只见他跪在地上，恳请秦昭襄王处罚他。秦昭襄王对此感到吃惊，问道："丞相这是做什么啊，何以要扮作罪人？快快起来啊！"可范雎依旧跪在地上，不肯抬头，说："大王，我推荐的王稽和郑安平均已投靠魏国，作为推荐者，我承担着深重的责任，未能洞悉他们的本性，恳请您对我施加惩处。"秦昭襄王哈哈大笑，说："郑安平和王稽都是我委以重任的，并下令让他们率兵外出打仗的，是我用人失察，与你无关。"说着，就让人给范雎松绑，让他回家去了。

这件事后，秦国的大臣们并不像秦昭襄王那样想，他们还是会私下议论："范丞相的功劳太大了，以至于犯了罪，大王都不敢惩罚他。"还有的说："大王对丞相太宽大了。"总之这种话不绝于耳，使得范雎深感压力，因而减少了外出。秦昭襄王后来也听到这些议论，担心范雎受此影响，就又下了一道命令："王稽犯了死罪，已被满门抄斩，这是他罪有应得，与他人无关，以后谁也不许再提这件事了。"同时，秦昭襄王格外关照范雎，经常赏赐他一些物品，旨在消除朝臣们的成见。在秦昭襄王的支持下，无人敢再公开非议此事了。

鉴历史 得智慧

范雎才华出众，足智多谋，他任秦昭襄王的丞相后，为秦昭襄王推荐了王稽和郑安平，让人意外的是这两人相继背叛了秦国。在这场意料之外的风波中，秦昭襄王并未对范雎有丝毫责罚之意，相反，他对范雎的信任如磐石般坚定，这不仅是智慧的展现，更是胸怀的彰显，让人感受到王者的卓越与大度。倘若因为一纸推荐就轻易地给他扣上叛国的罪名，那简直是荒谬至极。即使范雎心中无一丝叛意，频繁的疑虑也可能逼迫出不该有的背叛之心。秦昭襄王的英明之处，就在于他洞悉了这一切，他不仅化解了范雎内心的不安，更坚定了他为秦国尽忠的决心。

在我们的生活中，这样的故事也屡见不鲜。作为领导，不要轻易怀疑身边那些忠诚的人才，只有在确凿无疑的证据面前，才应慎重考虑。我们都需要被认可、被信任，同时需要赋予对方信任。信任有时可能只是几句推心置腹的坦诚话语，有时可能只是几句良药苦口的真诚交流，总之是人与人之间必不可少的。

韦诜不以貌取人

在唐玄宗统治时期，裴宽曾经在润州做参军，是时任润州刺史韦诜的下属。恰巧，这时韦诜的女儿已经到了适婚年龄，作为父亲，他渴望为女儿物色一位德才兼备的夫君。尽管众多提亲者络绎不绝，却无一人得到韦诜的青睐，他对他们的学识或品德总有不满。

某日，韦诜又在为女儿的婚事发愁。他在花园中踱来踱去，偶然发现园中有一人正在挖小坑，并将一包物品埋入其中，随后仔细地用土盖上。出于好奇，韦诜派遣仆人去探明究竟。仆人回报称那人正是裴宽，有人匿名给他留下一块鹿肉干，由于无法退回，他又不愿意接受这份礼物，就只得将其埋下。

韦诜对裴宽的这一行为表示赞赏，又命人去打听裴宽的品行。下人们回来禀报说："裴宽为人清廉，从不受贿。如果有人给他送东西，他会立即送还，即使不送回去，他也会派人给送东西的人回赠一份价钱相当的礼物。"韦诜听后，对裴宽的为人赞叹不已。

为了进一步考察裴宽，韦诜立马有了一个妙计。他命令手下人邀请裴宽至府邸共饮，裴宽得知刺史邀请，不敢怠慢，慌忙收拾了一下就来赴宴。韦诜并没有宴请别人，仅他们二人。席间两人相谈甚欢，气氛融洽，韦诜就假装说："裴宽啊，自从我上任以来，你在我身边尽职尽责，我很是欣赏你，我看你现在居住的房子有些破旧，打算为你置办一所新的宅院，你看好不好？"裴宽听到这话，慌忙放下手中的酒杯，跪在韦诜面前，说："大人，小人辅助您只不过是尽自己的职责，我无功不受禄呀！"韦诜悄悄说："你不必担忧，这是我私下赠予你的，又不会有第二个人知道，以后你还要帮助我赚取财物，到时一定有你的好处。"裴宽顿时脸色大变，厉声说："大人，我原以为您是个清官，不想您也是如此……大人，我请求辞官。"裴宽说着就要起身离去。看裴宽果真清廉，韦诜满意地大笑起来，表明此乃试探之举，同时告诉裴宽愿意将女儿许配给他，以示对其人品的认可。这一转变令裴宽既惊又喜，对未来充满了期待。

婚礼那日，由于裴宽并无华服，就拣了一件绿色的相对新一些的衣服穿上了。此衣虽新，但穿于瘦高的裴宽身上，却引得亲族间一阵哗笑，族人们都戏称他为"碧鹳"。韦诜则一脸严肃地说："我疼爱自己的女儿，一定要让她嫁给贤良的公侯做妻子。裴宽虽然其貌不扬，但是他为人清廉，将来一定能成大事，你们又怎么能以貌取人呢？"事实证明，韦诜的预见是准确的。裴宽后来官拜礼部尚书一职，成了史册中赫赫有名的贤官。

鉴历史 得智慧

尽管裴宽在外表和衣着上不引人注目，但韦诜凭借对裴宽日常行为举止，如对埋藏肉干等小事的观察，洞悉了裴宽的正直与操守，深信他将取得一定的成就。而裴宽最终成为礼部尚书的事实也验证了韦诜的远见卓识，证实了他确实未看错人。此事教示人们，在评价他人时不应只关注眼前的外在条件，而应重视个人的内在潜质与道德品性。

皇太极敬贤下士

皇太极是清朝的开国皇帝，也是后金大汗努尔哈赤的第八个儿子，他文武双全、知人善用，一生开疆拓土，征战无数，拥有卓越的政治眼光。1592年，皇太极降生时，努尔哈赤早已凭借十三副铠甲起兵，东征西战，艰苦创业十余年，不仅统一了女真各部，并开始向明朝发起挑战。

皇太极从小就开始练习骑马射箭，他不仅精通武艺，还英勇善战。他继承父位后，对勇士的选拔尤为重视。

随着皇太极实力的逐渐壮大，1629年11月，皇太极率领十余万大军，取道内蒙古，穿越长城的龙井关，于12月17日对明朝的遵化城发起围攻。在晨光初现之际，他果断下达了攻城的命令。这场战斗异常激烈，明兵的防御坚固如铁，但八旗兵勇往直前，不畏炮火与箭矢、滚石，奋力攻城。士兵们携带云梯冲向城墙。有个叫萨木哈图的士兵，无视飞来的乱石与箭雨，率先登上城头，舞动大刀，连续斩击明兵，为后续大部队的进攻创造了突破口。随后皇太极的军队迅速攻破明军的防线，不久后便占领了整座城市。

战斗取得胜利后，皇太极亲临前线，以表彰八旗军的英勇表现。他听说萨木哈图是第一个登城的战士，并且勇猛奋战。皇太极非常想见这位勇士，于是立即召见了萨木哈图，见到萨木哈图后，皇太极称赞了他的勇敢无畏精神，并与他交谈了很久。

数日后，为了庆祝胜利，皇太极在遵化城举行了盛大的庆功宴，对有功之士逐一进行封赏。为了嘉奖萨木哈图，皇太极亲自用金杯盛酒，为萨木哈图敬酒。接着，皇太极当着所有将士的面，宣布晋升萨木哈图为"备御"，并授予其"巴图鲁"（满语，勇士的意思）的荣誉称号，这是对勇士的崇高赞誉。萨木哈图从一位默默无闻的士兵，一跃成为将领，场内响起了一阵又一阵的热烈掌声。随后皇太极又赏赐给萨木哈图许多贵重物品，包括一只骆驼、一匹蟒缎、二百匹布料、十匹马及十头牛。此外，皇太极还规定，萨木哈图的后代将世袭其爵位，而萨木哈图本人若有所过失一律可以赦免。

萨木哈图的英勇无畏赢得了皇太极无比的信赖。此后，每逢有战事，萨木哈图总是伴随在皇太极身旁，如同骁勇的战神，守护着自己的君主。然而，在紧张激烈的战火中，皇太极深谙人才难得，他不忍心再让萨木哈图冲锋在前，若有闪失将是他的巨大损失。于是皇太极创立了一套量功拔将、论功行赏的激励机制。这一措施实施后，士兵们个个斗志高昂，热血沸腾，誓要在战场上建功立业，成为人人敬仰的勇士。有了这样的奖励政策，皇太极很快拥有了一支能征善战的军队，也为后来清朝的建立奠定了坚实的基础。

鉴历史　得智慧

随着人才市场化的进程加速，人才的流动也变得更加频繁。在这种环境中，我们更应该给予人才足够的尊重，提供适当的条件来留住他们，避免人才资源的流失。

秦王嬴政善用人才

尉缭是战国时期魏国人，是杰出的军事战略家，拥有不凡的军事才能。尉缭所撰《尉缭子》这部兵书被后世的兵家所尊崇，是中国古代一部重要的兵书。不过对于这部兵书的作者，历有争议。

尉缭原在魏国时，虽然才华出众，但却未受到应有的尊重与认可。他心有不甘，随后前往秦国游说，在那里他的才干为秦王嬴政所赏识，做了秦国的国尉，辅佐秦王统一六国。嬴政不但对尉缭言听计从，而且在每次与尉缭相见时，总是表现出格外的谦逊和尊敬。不仅如此，尉缭在服装与饮食方面与秦王嬴政享受相同的待遇。

担任秦国的国尉后，尉缭与嬴政结下了君臣之谊。此后，在嬴政多项决策之中都不同程度地有着尉缭思想的痕迹。

例如，尉缭认为"外无天下之难，内无暴乱之事"，认为那种男耕女织、百姓安乐的和平社会才是理想的太平盛世。然而，一旦战争打破了这种宁静，就必须通过战争来制止战争。这种战争应该是正义的，用以讨伐不义之乱。正是在尉缭这种思想的启发和影响下，嬴政坚定了他统一六国、以战止战的决心。

尉缭深知，即使是以正义之名发动的战争，也无法轻易取胜。他认为要想取得胜利，必须有天时、地利、人和这三个条件，尤其是"人和"在其中占据着至关重要的作用，"圣人所贵，人事而已。"嬴政对这种"人和"思想也颇为重视。

尉缭认为，要达到"人和"的目的，关键在于实行藏富于民的政策，要不误农时，不损民财，要奖励耕战，使人们个个皆勇于战。在战争时期，要对将士明法审令，确保每一位将士都勇于为国捐躯，无条件地服从命令。只有这样才能达到"人和"的目的，军民一条心，才会战无不胜，攻无不克。尉缭的这些观点深深影响了嬴政，以致嬴政极为推崇这种农战结合的治国策略。由于尉缭将人视为取得战争胜利的关键要素，所以嬴政在统一战争中也把"人"放在第一位置。在具体实施之中，嬴政继承并坚定执行了祖先奖励耕战的政策，使秦人以富强支持战争，以好胜参加战斗，以向上进取的精神力求战无不胜。

关于将帅在战争中的作用，尉缭也给予了充分的重视。他认为一位杰出的将帅，从接受使命的那一刻起，便应通过恩惠奖励士兵，并且在赏罚方面要恰到好处，既不过度也不欠缺，只有这样才可以称得上是好将帅。嬴政对尉缭关于将帅的看法和要求深表赞同。在统一六国的战争中，嬴政选用了王翦、王贲、李信、杨端和等军事帅才，保证了秦军战略战术、军事智谋的正确发挥，从而使秦国统一天下成为现实。

在实际战斗中，尉缭强调了战略和战术灵活性的重要作用。他推崇先料敌而后动。在"战威"一篇中，他列举了五个先料敌而后动的条件，即战前制定详细而切实可行的进攻方案，选拔合适的将领负责作战指挥，兵贵神速，充分利用地理条件安排攻防，军令如山，对违规者严厉惩处。除了满足这五个条件外，他认为还应该利用对手的地势、人事等方面的不足，实现以少胜多，达到在未与敌人接触的情况下，便使对方处于劣势的效果。对于这样精辟的灵活运用战略战术的理论，嬴政更是积极地将其运用到实际战争中去。例如，在攻打赵国的过程中，嬴政先利用燕赵两国之间的矛盾，迅速把握战机，取得了一次重要的胜利。攻打魏国之时，嬴政巧妙地利用魏国地势低的弱点，水灌魏国都城，结果魏军大败。

由此可见，统一战争中运用的各种奇计妙策，正是嬴政深入研究领会了尉缭的军事思想之后得到的克敌法宝。

此外，在《尉缭子》"战威"一篇中，尉缭阐述了军事后勤在战争中所发挥的关键性作用。军队的粮草供应必须充分，否则士兵难以行军作战；武器和装备必须优良，以增强部队的作战力。对尉缭军事后勤理论的应用，嬴政更是心领神会，而且在战争中发挥得淋漓尽致，在军队所用武器的配备上，修造战船，改造兵车，展现了秦军在装备上的绝对优势，极大地提升了秦军的战斗力。

鉴历史 得智慧

作为杰出的战略家，尉缭是秦王嬴政成就霸业的重要助手。秦王嬴政能够让如此英才忠心耿耿地奉献于统一大业，彰显出嬴政高超的领导艺术。从某种意义上说，领导者成功与否，往往取决于他们如何与下属建立和谐的关系，使下属保持积极的工作热情，促使他们尽职尽责为国效力。

元世祖任用青年奇贤

元朝初期，蒙古扎剌儿部有一位13岁的少年名叫安童，他是为元朝创建做出巨大贡献的木华黎的曾孙。安童自幼聪慧，三四岁时就喜欢学中原文化，对诗歌、辞赋无所不读，加之他天资聪颖，只学一遍就能成诵，但他最爱读的还是中原经史著作，在他七八岁时，就专门请汉人学者教他读《史记》《左氏春秋》《汉书》。

元世祖认为他是个值得深造的苗子，就将他放在宫里做长宿卫。这样一来，安童就可以有更多的机会向长辈们学习，因而学识进步很快。尽管年纪轻轻，他已经能下笔成章了，讲话也很有见地。

有一年，元世祖破获阿里不哥反叛集团，负责破案的人逮捕了一千多人，有官员报请元世祖发落。元世祖看安童就在身边，便借此机会考验他的能力。于是，元世祖就问："安童，你听清了这个反叛集团的罪情吗？他们意图颠覆朝廷，罪行严重之极，我要把他们全部处死，你对此有何看法？"

面对元世祖的提问，安童神态自若地说："这群叛贼中，真正有意图谋权篡位者实为少数，大多数人不过是盲从或被迫服从。陛下如果大开杀戒，怎能征服其他还没有归附的人呢？杀一人，牵连一批人，怎能叫天下人心悦诚服呢？"

元世祖本无意滥杀无辜，听到安童说的话后便惊讶地说："好一个长宿卫，年纪轻轻，见识非凡。我若真将所有人都处死，那便是连幼童也不如。"说着他就按照这些人罪责的大小分别予以处罚。

安童18岁的时候，元世祖决定打破常规，破格提拔他。朝中有人认为安童虽然可以提拔，但应该缓步而行，不能一下子就给他个大官做。元世祖却不认为如此，他说："金世祖用阿鲁罕做参政知事，不到五个月阿鲁罕就因年老多病而辞官。历史上此类事件比比皆是，我不想再重蹈覆辙。凡是英才，只要看准了，就要迅速提拔，这不仅能早点锻炼他，而且能让他早一点为国家办事，从而为国家效力更长时间。这对社稷、百姓不是都有好处吗？"

朝臣们听了元世祖的这番话，都很赞同，没有人再提反对意见。于是元世祖就任命安童为光禄大夫，中书右丞相。元世祖还让学识渊博的许衡辅佐安童。许衡按照元世祖的交代，在多个方面给予安童很大的帮助。安童有了许衡的支持和引导，把朝政处理得井井有条，朝臣无不钦佩。

1270年，安童因其才华卓越而受到部分朝臣的忌妒，他们密谋设立由阿合马负责的尚书省，以削弱安童的权力。于是他们向元世祖提出，安童政务繁忙，为了减轻他的工作负担，应该把安童封为三公。元世祖深知这是在排挤安童，于是求计于许衡。许衡说："如果您不予理会此提议，则这个密谋自然无法得逞。然而，这些嫉妒的大臣不会就此放弃，他们将会继续针对安童。安童当前很受朝中众臣的拥护，大家都不会同意他们这个意见的。陛下何不召集众臣共同商议设立尚书省的事呢？让朝中老臣共同抵制他们的意见。还能借此机会巩固安童的地位，增强他的威望，从而打击那些排挤安童的人。"

元世祖很赞同许衡的想法，随即召集满朝文武共同商议此事。当满朝文武听到要设立尚书省的事后，除少数几个密谋者外，其他都持反对的意见。持反对意见的大臣们理由多样，有人认为这是违背历朝潮流的；有人认为这是政出多门，有乱朝纲；有人认为将年轻的丞相提升为三公，实则是将其置于有名无实的境地。老臣商挺铿锵有力的言辞，对那些怀有私心的人进行了有力的驳斥，他说："当今丞相政绩出色，虽然年轻，我们老臣却很信服他，他的才华与能力远超我们。他是国家的柱石，我们年长的人都要支持他。如果设立尚书省，还要丞相做什么？如果把丞相封为三公，这分明是削弱丞相的权力，扰乱朝纲，危害社稷，万万不可啊。"

元世祖趁机斩钉截铁地说："商挺的主张正合我意，朕早已对这项提议持反对意见。召集众臣讨论，其目的无非是为了寻求一致见解。丞相是列朝最高的职务，是帝王主持朝政的良弼。设立尚书省，让丞相做三公，分明是削弱丞相权力，实际上也是分散朕的注意力，万万不可采纳。当今丞相年富力强，德行卓越，才华横溢，上任不久，政绩出色，众卿万众一心，全力支持。"

元世祖为了更好地支持安童，将安童原先的光禄大夫头衔提升为金紫光禄大夫，从而增强了他的权威。此后，朝臣不再有人敢轻视或嫉妒他了，他的政令也能够畅通无阻地实施了。

安童在元世祖的大力支持下，为国家的长治久安做了很大的贡献。然而，遗憾的是，他48岁就不幸去世了。元世祖为过早失去这一得力的辅弼良臣而感到非常痛心。他为安童举行了隆重的葬礼，并且为其树立了一座刻有"开国元勋命世大臣之碑"的纪念碑。

鉴历史 得智慧

当元世祖任命年仅18岁的安童为丞相时，证明元世祖慧眼识人才，不拘泥于世俗眼光。他还派经验丰富的老臣许衡辅助安童，以防有人不服安童，这足以证明元世祖十分善于用人。我们可以看到，一个完备的人才团队，就应该在人员的安排上合理搭配，不同年龄结构、不同专业特长的人要通力合作，这样才能使整个团队发挥最大功效。这一点在今天对我们依然具有极大的启发意义。

第四章

克己修身，坚守情操

羊续悬鱼拒礼

东汉时期，一位名叫羊续的人，就任南阳郡太守。南阳不仅是光武帝刘秀的诞生地，也有一眼望不到头的肥沃农田，人们在这里过着比较富足的生活。然而，在这富足之地，奢靡之风却在悄然滋生。郡、县等各级政府机构中请客送礼、托关系办事、讲究排场以及攀比吃喝之风颇盛。新任职务的羊续对此感到极度不满。但是，他知道要纠正一郡之风，自己必须以身作则。

因此，他决心以自己的行动来净化社会风气。他不仅要求自己生活朴素，更是坚决反对一切形式的奢靡行为。后来在他的带动下，南阳郡的社会风气焕然一新，人们开始追求真正的高尚品行。

当时，郡中的郡丞听说羊续爱吃鱼，有一天，他精心挑选了几条又肥又新鲜的鱼，前来拜访羊续。

他向羊续解释说，这些鱼是他在空闲时间，亲手从白河中钓捞而得，并不是他花钱买来的，也不是向别人要来的。接着他又向羊续介绍南阳的风土人情，称赞白河鲤鱼美味无比。他又说，这条鱼绝非送礼，而是出于同僚之间的情谊，让新到南阳的羊续品味当地的美味，从而更加了解南阳，热爱南阳。羊续深感郡丞的情意浓浓，尽管心领神会，他依旧坚定地表示不能接受这份礼物。郡丞无论如何不肯再把鱼拿回去。他说要是太守一定不肯收，就是不愿意同他共事了。在郡丞的强烈坚持下，羊续感到难以回绝这番好意，于是收下了这些鱼。郡丞离开之后，羊续沉思片刻，然后指示家人用麻绳把鱼绑紧，并将其悬挂在自己的屋檐之下。

又过了一段时间，郡丞又来家里拜望羊续，此次他提着一条比先前更大、更鲜活的鱼。羊续一看很不高兴。他正色质问郡丞："你在南阳郡是除了太守以外地位最高的长官了，你怎么能一而再再而三地送礼给我呢？"面对羊续的质问，郡丞轻轻摇头，似乎要辩解些什么，但羊续已经迅速命人从房檐取下上次那些鱼，并对郡丞说："你看，上次的鱼还在这里，要不你就一块拿回去吧？"郡丞一看，上次那些鱼因风干而变得硬邦邦的了，顿时羞愧之情涌上心头，很不好意思地离开了太守的家。从此，南阳府上下再也没有人敢给羊太守送礼了。

这件事情很快就传开了，南阳的百姓非常高兴，纷纷赞扬新来的太守。有人还给羊续起了一个"悬鱼太守"的雅号。

鉴历史 得智慧

羊续的行为，如同一股清流，涤荡了当时官场上的污泥浊水，他的廉洁作风，成了后世为官者的榜样。他的故事，传扬着一个简单而强大的真理：只有廉洁奉公，才能站得更高，看得更远，为民作主，为士树立高贵风范。

季札挂剑，诚信永流传

　　春秋时期，吴王寿梦的四个儿子中，季札排行最小，却因其贤能和高尚的德行，被父亲视为未来的继承者。他的兄长们也都十分通情达理，承认自己的才情不及季札，只有季札最有资格继承王位，所以都争相拥戴他即位。吴国的臣民也对他寄予厚望，一致希望季札能够登基为王。然而季札对权势没有丝毫的渴望，毅然拒绝了大家的美意，坚持把王位让给哥哥，并隐居山林之中不问世事，以表明他坚定的志节。吴国上下看到季札对权力如此淡泊，只好放弃了原来的想法。

　　公元前544年，季札被赋予重任，前往北方的鲁国访问。途径徐国时，季札看到徐国人民安居乐业，生活富足安康，内心不禁对徐国国君的仁义善政表示由衷的赞扬。季札被这样的景象深深打动，决定临时拜访徐国国君，倾吐仰慕之情。徐国的国君早已听闻季札的贤名，对于他的到访感到格外欣喜，立即命令侍从设宴接待。两个人见面后一见如故，相谈甚欢，徐国国君注意到季札佩带的精美宝剑，心想："这宝剑甚是精美，我要是有一把这样的宝剑该多好啊！"徐国国君几次欲言，又不便启齿。敏锐的季札察觉到了徐国国君的心思，打算将剑赠予徐国国君。不过他忽然想到，身为使者，佩带宝剑是对他访问的国家的一种尊重，也是一种礼节。如果他现在把剑赠给徐国国君，等他出访鲁国时，那将是对鲁国极大的不敬。因此，季札改变了主意，不再计划将剑赠予徐国国君，但他决定，待他从鲁国返回后，他一定会将这把剑赠予徐国国君。

结束了对徐国的访问后，季札又带着一行人来到了鲁国，同样受到了鲁国国君的热情招待。在鲁国旅居的这段时间，鲁国人对季札的才华和智慧钦佩有加，这也深化了两国之间的友好关系。

在归途中，季札心中始终铭记着对徐国国君的承诺。当再次途径徐国时，他决定履行当初的诺言，将珍视的宝剑赠予徐国国君。遗憾的是，他接到了徐国国君已经离世的噩耗。季札为此深感哀痛，并对自己的承诺未能实现感到懊悔。他解下宝剑欲将其赠给徐国现在的继承人。身边的侍从劝阻他说："这把宝剑是吴国的国宝，怎么能轻易送人呢？何况现在徐国国君已经不在人世，又何必赠送呢？"季札说："上次同徐国国君交谈时我未赠剑与他，是因为我还有完成出使鲁国的任务，但在我心中早已将剑许给了徐国国君，无论对方生死，都不能违背自己的承诺。再说，我作为吴国的公子及使臣，如此不讲信用，若传出去吴国的颜面何存呢？别人会也会看不起我们的。"

然而，徐国嗣君却不敢接受季札如果贵重的礼物，且说道："我没有先君的遗命，不敢接受如此贵重的宝剑。"于是，季札将宝剑悬挂于徐国国君墓前的柳树上，以示对徐国国君的尊重和对自己承诺的坚守。季札的做法受到了徐国人的赞扬，他们还编了一首歌来歌颂他："延陵季子兮不忘故，脱千金之剑兮带丘墓。"从此，"季札挂剑"的故事广为流传，成为信守承诺的典范。

鉴历史　得智慧

从"季札挂剑"这个故事中，我们可以看到"诚信"两个字蕴含的深刻意义，它最感人的地方就在于，季札对承诺的坚守，即使在对方已离世的情况下，他仍不违背内心之约。这种崇高的境界实在让人感动，一幕挂剑演绎了古信高义，传承了重信守诺。守信是人格确立的重要途径，一个人缺失诚信，是难以交到真正的朋友的，因为没有人愿意与不讲信用的人交往。也许背离诺言仅一次，但其负面效应可能放大百倍，它会令你永远失去别人的信任，更不要指望别人会对你有所尊重。

一身正气、两袖清风的林则徐

林则徐，字元抚，又字少穆、石麟，谥号文忠，中国清代后期的民族英雄和政治家。林则徐在长达四十年的官场生涯中"经世自励"，以廉洁和正直著称。他还从事过水利工作，从北方的海河到南方的珠江，从太湖流域到伊犁河畔，无不留下他治水的足迹。林则徐最显著的功绩是领导了中国历史上一场具有重大意义的禁烟运动——虎门销烟。虎门销烟捍卫了国家的主权和民族的尊严，激发了中国人民抵抗外来侵略、拯救国家的热情。

1820年，林则徐被任命为江南道监察御史，负责巡视江南地区。有一天，林则徐视察澎湖群岛，当地一位自称为"花农"的人向林则徐献上一株玫瑰，并提议林则徐更换一个更大的花盆。林则徐听了这位自称为"花农"的话后，又看花农的表情有些诡异，知道他另有图谋，于是一脚踢翻了花盆，被踢翻的花盆里出现了一个红包。林则徐打开一看，内有一只重达半斤的金老鼠和一纸信笺，笺上这样写着："林大人亲收，张保敬献。"看到如此贵重的金老鼠，林则徐不为所动，而是当场将其没收并上缴了国库。

1839年，林则徐被派往广州查禁鸦片。有一天，英国商务代表义律请林则徐参加自己举办的宴会，两人一见面，义律就将一个精致的方盒作为见面礼赠予林则徐，并对林则徐说："请林大人笑纳，一个小小见面礼。"林则徐接过来打开一看，就在大红色的软缎衬垫上看到一套制作精美的昂贵鸦片烟具，白金制成的烟管，秋鱼骨制的烟嘴，钻石制成的烟斗，在它的旁边还有一盏巧雅孔明灯和一支金簪，简直是光彩夺目，这一套鸦片烟具起码值10万英镑。一般人见到这个见面礼都会心动不已，然而，林则徐则说："义律先生，本部堂此次来广州是奉皇上旨意肃清烟毒的。义律先生的这套烟具属于违禁品，按理应予没收。但鉴于两国之间的友好交往，我认为您更应将其带回贵国，或许存放在您的皇家博物馆中会更为恰当。"这番话让义律陷入了尴尬境地，令他无地自容，他只得收回了这些礼品。

然而，林则徐在虎门销烟后，受到他人诬陷，被朝廷下令贬至新疆伊犁，那时，林则徐虽然为官多年，却廉洁奉公，从未有过分文俸禄之外的收入，致使个人积蓄甚微。他为准备西行所必需的费用，不得不出售家宅。当时，有位钦佩他的富人自愿捐资两万两，林则徐却坚持不收。后来，对方答应收下房契，林则徐方才勉强接受了这笔迫切所需的银两。经过四个多月的艰难跋涉，林则徐才到达伊犁，在这漫长的途中，他克服了艰苦恶劣的环境，食用俭朴，常常仅以稀粥来充饥。尽管林则徐被贬至伊犁这样的苦寒之地，在伊犁的两年内，他也将心血奉献于当地的农业和水利事业，不仅亲自投入劳动，更将自己节约下来的官俸予以捐献。

林则徐在跌宕起伏的官场生涯中，面对权力、金钱的诱惑，始终保持着清正廉洁的品格。在内忧外患交织的时代，这不仅是其个人美德的体现，亦是他对于各种诱惑坚决说"不"的勇气所在。

鉴历史 得智慧

历史上抵御诱惑的人屡见不鲜，以虎门销烟而闻名中外的林则徐深谙拒绝诱惑的道理。林则徐之所以可以成为历史英雄，就是因为他做到了欲正人，先正己。他为官数十载，一直奉行廉洁之风，从不收受贿赂，因此受人敬仰。在人生的道路中遇到挫折是难免的，人生之路充满着变数与未知，我们唯有坚守正义，才能勇敢地迈好每一步。当面临诸多诱惑时，必须勇敢地说出"不"，勇于拒绝，稍有犹豫就可能使我们误入歧途。

君异正心克己

杜越是明末清初文人，曾是河北定兴县秀才。他年轻时拜鹿善继为师，鹿老师对他的才华和品德十分赞赏，认为他高人一等，于是给他起了个别名"君异"。尽管自小家境贫寒，杜越却从未对那衣不蔽体、青菜充饥的清苦生活有过一丝怨言。他靠教书维持生计时，就经常这样教育他的学生说："我们的一生不应沉溺于平庸之中，我们要追求崇高的理想，高尚的精神，坚决拒绝那些世俗、功利的诱惑，同时要尊老爱幼，时刻在义利问题上保持警醒，绝不能随波逐流。"他的一言一行，都是对这些理念的生动诠释，他既这样教育学生，也这样约束自己，丝毫不敢懈怠，所以，一些有名的学者也来拜见他，希望以他为师。

有一次，杜越过生日，一个学生为了给他拜寿，特意送给他一匹质量上乘的丝绢。杜越却婉言谢绝道："我知道你尊师重道，这份心意我收下了，但这么昂贵的礼物实属不宜接受啊。我传授你知识，也收取了你的学费，就不应该让你花费多余的钱。教书育人是我职责所在，我怎敢因此居功自得呢？所谓'临财勿苟得'，我实在不能心安理得地接受这额外的报酬。你这样做不仅不能让我添寿，反而会让我折寿的呀。"学生见老师严词拒绝，只好收回礼物。事后，此事传开，更多的学生及家长对杜越的尊崇之情油然而生，纷纷将其誉为真正的"有德之士"。

明朝天启年间，由于直谏上书指责魏忠贤专权跋扈、扰乱朝纲，大臣杨涟、左光斗和魏大中等几位大臣遭逮捕入狱，在狱中受尽折磨。与此同时，魏党还下令大肆搜捕、迫害与他们有密切关系的人。一时朝野震动，大臣们慑于魏忠贤的淫威，一个个如惊弓之鸟，噤声不语。这时，只有杜越不畏强权，不惧危险，挺身而出，倡议同仁们营救被囚忠臣。同时他又不顾自身安危，机智地将朝廷下令追缉的两位反魏党的志士藏在家中的夹壁墙中，最终使他们躲过了追捕。

清初，他迁居到新安，与学生们一起到群众中去做移风易俗的宣传，试图重新以儒家的伦理道德拯救日益衰败的道德风貌。在他坚持不懈的努力下，新安社会风气得到了净化。

康熙十八年（1679年），清朝第一次设置博学鸿词科，很多大臣荐举他参加殿试，他以自己年老多病为借口而不去参见应试。因为他名声高，影响力大，在百姓和士人之中享有极高的声望，康熙帝下旨授予他"内阁中书"的荣誉称号，他毫不在意，也不因这一头衔而到处炫耀，而是仍旧保持着自己艰苦朴素的生活方式。大学者王士祯也称赞他堪与北宋哲学家邵雍相媲美，认为他有阳光般的心态，面对世事变迁，他总是面带微笑，乐观而无忧。

杜越的一生就是正心克己的一生，是坚持高尚道德操守，以不屈的行为实践儒家理想的一生。

鉴历史 得智慧

杜越的一生都在实践高尚的道德原则，无论大小事宜，无论是否有生命危险，他总是毅然决然地迎难而上，绝不向逆境低头，这充分展现了他的慎独精神。慎独精神里最重要的一点就是无论身处何种境遇，无论经历多么漫长的岁月都不能有丝毫的懈怠，绝不能放弃道德理想。杜越的人生故事如同一部鲜活的教科书，将这种精神演绎得淋漓尽致。今天我们再次提起"慎独"，不仅是为了纪念过去，更是为了让这种坚持理想、坚守节操的精神，重新焕发光彩来激励我们每一个人。让我们每一个人都过好"慎独"关，让这种美好的精神在我们的生活、工作、学习中生根、发芽、长叶、开花、结果！

食粥苦学的范仲淹

范仲淹是北宋时期闻名遐迩的政治家、文学巨匠。幼年时，他的父亲撒手人寰，家里失去了顶梁柱，生计之源被无情夺走。面对如此艰难的境遇，范母只好带着年幼的范仲淹，改嫁到山东淄州长山县一户姓朱的人家。

范仲淹从小就喜欢读书，面对书本他总是表现得如饥似渴。朱家是长山的富户，日子过得还算富足。但他为了励志图强，长大后独自跑到附近长白山上的醴泉寺读书，经常一个人以书为伴，以灯为友，在每一个寂静的夜晚，他用孜孜不倦的精神，与书对话，直至破晓时分。僧人们都快起床了，他才和衣而卧。那时，他的生活过得十分艰苦，每天只煮一锅稠粥，凉了以后划成四块，早晚各取两块，配上韭菜末和盐，简单而清淡。但他并不感到这种生活清苦，却乐此不疲享受着读书带来的快乐与宁静。

范仲淹常常看不惯朱家兄弟奢侈浪费，终日无所事事，游手好闲，多次苦口婆心地规劝，但朱家兄弟却对他的善意嗤之以鼻。有一次兄弟俩听得不耐烦了，语带嘲讽地说："我们花的是朱家的钱，关你什么事？你又不是朱家的人。"范仲淹听了十分不解，对自己的身世产生了怀疑，便找人打听缘由，一问之下才知道自己本是姑苏范氏之子，父亲过世后母亲迫于生计才改嫁到朱家。这个发现如同晴天霹雳，范仲淹深受刺激，于是他下决心不再依赖于朱家，要去独立生活，于是他匆匆收拾了几样简单的衣物，佩上琴剑，不顾朱家和母亲的阻拦，流着眼泪，毅然辞别母亲，离开长山，独自前往南京（今属河南省）求学去了。

当时的南京是人口稠密的繁华大都会，天下名士在此会聚，教育事业也十分发达。其中，应天府书院作为宋代四大著名书院之一，吸引了无数志向远大、才华横溢的学者前来。到这样的学院读书，既有名师可以请教，又有许多同学互相切磋，还有大量的书籍可供阅览，况且书院免费教学，这为经济拮据的范仲淹打开了一扇求知的大门，这真是他梦寐以求的学习天堂。

范仲淹入应天府书院学习后，十分珍惜这来之不易的读书机会，比以前更加勤勉，昼夜不歇地投入书海。五年间寒来暑往，他几乎未解衣就枕，好好地睡一觉。如果实在疲乏，他就起身用凉水浇脸，来驱除倦意。实在困倦得不行，他也只是趴在桌上小憩一会。和以前在寺里一样，他的一日两餐还是那一锅粥。因为范仲淹脱离朱家，想自力更生，拒绝了他们的经济资助，日子比以前过得更加清苦。他的食物总是很不充裕，有时米粥不够时，一日两顿粥都得不到保证，只能一天吃一顿。对于一般人来说，这无疑是艰难的，但范仲淹却毫无怨言，只是默默地埋头苦读。

这种情况被他的一个同学——南京留守的儿子看到了，他的同学非常敬佩他的为人，也同情他的处境，就回家将范仲淹的境况告诉了他的父亲，想让他父亲帮帮忙。留守听完之后派下人给范仲淹送去了美味佳肴，然而，几天过去，食物都放坏了，范仲淹并未动用。同学感到困惑，不解地问道："我特意让父亲给你送饭菜，希望你能改善三餐，你为何不动一口？"范仲淹回答道："我不是不感激你的厚意，只是我已习惯于粗茶淡饭了，这也是我能力所及的生活。如果我贪图享受，忘记了自己的初心，我还能接受清贫的生活吗？还能吃得下粥吗？还能专心念书吗？"同学听了，对他更加敬佩了，常在人前夸范仲淹有青云之志，凭借他的才学和品行将来必有一番作为。正是经历了这番艰苦生活的磨炼，范仲淹后来才能始终保持清廉律己，关心人民疾苦，不忘"忧天下"的初心。功夫不负有心人，经过五年寒窗苦读，范仲淹终于成为一个精通儒家经典，博学多才又擅长诗文的人，在众多学生中脱颖而出。

大中祥符七年（1014年），宋真宗率领百官到今安徽亳州太清宫朝拜。皇帝的出行队伍声势浩大，当出行队伍来到南京时，整个城市为之沸腾，人们竞相涌向街头，只为一睹皇帝的风采。只有范仲淹闭门不出，心无旁骛地沉浸在书海之中。有个和他要好的同学急切地劝说他："快去看看吧，这是个千载难逢的机会，千万不要错过！错过了恐怕以后很难见到皇帝呢！"范仲淹仍专心于他的书本，头也不抬，只是随口回了句："将来再见也不晚啊！"然后继续埋头苦读。果然，仅仅一年后，他就高中进士，被皇帝任命为广德军司理参军，官居九品，轻松地见到了皇帝。范仲淹日后成为北宋伟大的改革家，留下了"先天下之忧而忧，后天下之乐而乐"的千古名句，为后人传诵。

鉴历史　得智慧

在儒家哲学中，君子之德是一种淡泊名利、安贫乐道的高尚品质。在物质和金钱的巨大诱惑面前，人们往往难以自持，可能会迷失方向，甚至走上违背道德的道路。然而，只有那些甘愿于清贫，不以粗茶淡饭为苦的人，才能真正坚守内心的道德信念，维护高洁的人格魅力。

范仲淹主动食粥苦学，不贪图富贵享受，自觉培养忧患意识，使自己在任何情况下都保持高尚自律、克己修身的品格。

吴隐之酌贪泉不改本色

吴隐之，字处默，东晋大臣。他自幼勤奋读书，特备推崇儒家的治国之道，年少时便立志高远，操守清廉，曾经担任过广州刺史、假节领平越中郎将。在晋安帝年间，贪官污吏横行，而吴隐之却能自守其节，不染尘垢。

他虽在朝中当官，有些俸禄，但家中的生活依旧很穷困。然而，他坚决不接受他人赠送的饭菜，不触碰任何不义之财。即便在后来担任了多个高官要职，他依旧坚守节俭的品格。他不用仆人，生活中的大小事务如背柴、做饭均由他的妻子亲力亲为。他是个有大爱之人，看到有的亲戚和族人生活艰难，便会将自己的俸禄分给他们。因此，他的生活更加艰难，以致自己在冬天都没有被子盖，有时因为缺少衣服，洗衣服的时候只能裹着棉絮宅于家中。他的生活甚至比贫寒的平民还要清苦。

在当时，广州地理位置偏远，但当地也有一些特产，官员们在此地任职期间，稍微携带一些特产回来变卖，便有赚不完的银子。但是，该地区疟疾肆虐，外来者较当地居民更易感染，这导致许多人对赴任广州的官职望而却步。仅有那些十分贫困且期望借此机会发财的人才会愿意到广州当官。结果是，多数赴任的广州刺史通常是出于搜刮民财而来到此地，造成了广州的官场腐败远超其他地区。

看到官场如此污浊，晋安帝下决心扭转这种局面，就特意任命当时就以廉洁著称的吴隐之为广州刺史。吴隐之在抵达住所途中，于广州城二十里外的石门地界，偶遇一泓泉水。随行的人员中有人告诉吴隐之说，这泓泉水被称作"贪泉"，传说无论何人一旦饮用了贪泉之水，便将深陷无厌的贪婪欲望之中。

吴隐之听了不禁哈哈大笑，对他身边的人说："我不相信这样的传说，如果看不见可以让人产生贪欲的东西，人的心境就不会慌乱。我来这里上任，一路上见到了许多奇珍异宝，已经知道了为什么官吏越过五岭就会丧失清白的原因了！如果我们坚守个人的原则和操守，外界诱惑岂能动摇我们？又害怕什么贪泉之水呢？害怕的应该是我们自己的意志不坚定啊！"说完，他便跑到贪泉边，舀起泉水喝了起来，并且当即吟诗一首："古人云此水，一歃怀千金。试使夷齐饮，终当不易心。"

在广州任上，吴隐之恪守了他的誓言。他不仅为官廉洁自律，甚至比他在其他地方更加清廉，更加严格要求自己。他平常的饮食依旧简单，一些菜和干鱼就算是不错的饭菜了。当时有很多人认为他是故意要显示自己俭朴，不过做个样子给别人看看罢了，过一段时间就会原形毕露。但过了很长时间，大家才知道他真是个清官，不是故作姿态。

一次，在他吃饭时，下属为了表示敬意去除了鱼中的鱼骨，只留下鱼肉供其享用。发现这一举动后，吴隐之不仅对下属进行了惩处，甚至将其免职。

任满以后，吴隐之从广州回到京城，自己随身未带任何东西，只有自己过去上任时所带的一点服装。他的妻子刘氏带了一斤沉香，这并不是什么值钱的东西，但吴隐之见到后，把它取出来，抛到了河里。

由于他的以身作则，对广州地区贪污行为的整治取得了显著成效，吏治也由此变得好起来。朝廷对他十分赞许，为嘉奖他廉洁奉公的品格，加封他为前将军。吴隐之虽住在京城，但条件十分简陋，仅有一个破落的小宅院，小宅院内仅六间茅屋。由于房屋少，人口多，一家老小都挤在一起住。这时他的俸禄稍有增加，但都被他贴补给更穷的人了。皇帝要赐给他车、牛，为他重新修建住宅，他都予以婉拒。后来，他被任命为尚书、太常，虽然官职更大了，但他仍旧保持节俭本色。

义熙八年（412年），吴隐之告老退休，第二年去世。尽管他在任职期间未能取得耀眼的政绩，但他清廉的节操使他流芳百世，给后世树立了杰出的榜样，也给后人提供了精神力量。

鉴历史 得智慧

常言道，一个人做一件好事并不难，难的是一辈子只做好事，不做坏事。这句话虽然很朴实，却极有道理。一个人如果能够终生保持不变的节操，做到"拒腐蚀，永不沾"，无论在什么时代，他都是一个高尚的人，是一个脱离了低级趣味的人。

石奋谦恭有礼，福泽子孙

　　石奋，河内郡温县人，在汉高祖刘邦时为中涓，深得汉高祖刘邦的赏识，后来徙居长安，历事数朝，官至太子太傅。石奋有四子，长子石建、二子石甲、三子石乙、四子石庆。他们四人在父亲石奋的严格要求下，在汉景帝时皆官至二千石，一家之中为官者能有这么多，在当时也是很少见的，因此，汉景帝遂赐号石奋为"万石君"。

　　石奋为官谨慎，至年老归家，仍食上大夫俸禄。每逢年节，他都恪守礼仪，身着华服入宫庆贺，就是平日外出路过宫门，也都要下车步行而过，以示对皇家的无上敬意。

　　石奋是一个忠诚笃实的人，不仅忠于职守，而且非常重视对晚辈的教育，家规要求严格。在外面做小吏的子孙晚辈回家时，石奋必穿朝服和他们见面。子孙们如果犯了错，他并不会当面斥责，而是选择默默地独居一室，不吃不喝，直到他们承认错误，诚恳地向他道歉后，石奋才会吃饭。因此，石家以"孝"闻名全郡。

　　汉武帝建元二年（前139年），汉武帝因石奋忠孝治家，便将石奋的儿子石建任命为郎中令，而石庆则被拜为内史，这是对他们家族的一种高度认可。这时，儿子石建已经年老，满头白发，但石奋身体还算康健，每到五日休沐，石建肯定会回家探望他的父亲石奋。回到家中，他总是会亲手找出父亲的衣物，亲自洗涤，然后悄然交给仆役，却从不让自己的父亲知晓这一切。像这样孝顺父母的家常小事数不胜数，在他的子孙们看来都是很平常的事情了。

　　不久，石奋迁居陵里。一次，石奋少子石庆酒后大醉，回家时经过大门竟未下车，直接驶入宅邸，这一幕恰巧被石奋望见，于是石奋又不饮不食了。石庆得知后，酒都吓醒了，匆忙跪在父亲面前磕头赔罪。然而，石奋只是默默地摇头，不说一句话。此时，石建也在场，他看到父亲如此痛心，立刻召集了全家人，一同跪在石奋面前，为弟弟求情。石奋这才开口，责备石庆："你是朝中的内史，地位显赫呀，过大门不下车，这合适吗？"听到这话，石庆连忙表示再也不敢这样了。于是，石奋的心情才恢复如初。

鉴历史 得智慧

　　石奋一家孝顺谨慎的家风闻名天下，成为众人仰慕的道德楷模。纵观中国五千多年的历史，多少优秀的家风、家训被流传下来得到赞颂、继承和弘扬。俗话说得好，无规矩不成方圆，优秀的家训、家规、家风不仅承载了祖祖辈辈对后代的希望与鞭策，也同样体现了中华民族优良的民族之风！

君子爱财，取之有道

孟子，名轲，战国时期邹国（今属山东省）人，是鲁国贵族孟孙氏的后代。在他二十余年的游历中，曾访问过齐、宋、滕、魏等国。

公元前356年至公元前320年，孟子赴齐国，齐威王在位。当时匡章背着"不孝"的坏名声，但孟子仍礼貌地对待他。他在齐国宣扬"仁政无敌"主张，结果却不得志。齐威王曾要赠送他兼金一百镒（古代重量单位，以二十两或二十四两为一镒），他坚决谢绝并离开了齐国。

后来，孟子就到了宋国。这时正是宋公子偃自立为君的时候。他在宋国期间，滕文公还是世子，滕文公去楚国经过宋国时见到孟子。孟子向其阐述了人性本善的观念，并以古帝王尧舜为例。滕文公从楚国回来又在宋国见到孟子，孟子说："世子疑吾言乎？夫道一而已矣。"意思是，只要好好向先王学习，就可以把滕国治理好。在不久后，孟子接受了宋君的七十镒黄金馈赠后，回到故里邹国。之后，孟子又抵达薛国，在那里，接受了薛君所赠送的五十镒黄金。

后来，孟子的弟子问："在齐国时，齐王送给您上好的黄金一百镒，您却没有接受，后来在宋国，宋王送给您七十镒黄金，您却接受了，在薛国，您也接受了薛君送您的五十镒黄金。如果说先前不接受齐王的馈赠是对的，那么后来接受宋王的馈赠就是错；如果说后来接受馈赠是对的，那么开始的不接受就是错的了。这两种情况老师您肯定属于其中的一种。"孟子说："其实接受和不接受都是对的，都符合礼仪的要求。

在宋国时，我要出门远行，宋国对出行者必定要有所馈赠，宋君是在赠送盘缠给我，为什么不接受呢？在薛国时，我有戒备之心，薛君知道我有所戒备，给我送上购买武器的费用，我为什么不接受呢？反观在齐国的情况，无缘无故赠金，实则有贿赂的嫌疑，而君子是不能用金钱来收买的。"

鉴历史 得智慧

孟子受金的故事说明了一个十分重要的道理，是自己应得的钱，可以大胆地拿，不用客气，而不应该要的钱，别人硬是给你也要坚决拒绝。这就是所谓的"君子爱财，取之有道"。这里的"道"可以理解为一条适合自己走的正确的路。只有找到适合自己的正确道路，才能让自己的才能得到施展，让自己的价值得以体现。一言概之，君子爱财，要取之有道。

曹操割发代首，严于律己

　　曹操是三国时期著名的政治家、军事家，也是东汉末年的丞相，亦是曹魏政权的奠基者。他有远大的抱负，他带领的军队战力强悍，一向军纪严明，很快就统一了中国北方。

　　曹操到中原一带时，见广大农田荒废，百姓食不果腹，就下令让军队的士兵和老百姓们实行屯田。在他的英明领导下，荒芜的土地上逐渐长满了绿油油的庄稼，老百姓的粮食实现了自给自足，安居乐业的梦想得以实现。那个时期，战乱频发，有一次，曹操率军出征，恰逢麦熟时节。战乱期间，老百姓由于害怕都不敢来收割小麦。曹操知道事情的原委后，立即派人挨家挨户地告诉他们，他是奉朝廷的旨意出兵的，是为百姓除害的，让他们不要害怕。而且曹操还规定如果有士兵践踏麦田，立即斩首，以示对麦田的珍惜。听了曹操的这些话，老百姓们半信半疑，暗中观察曹操的军队是否遵守承诺，不肆意践踏麦田。

　　曹操一向军令如山，官兵们在经过麦田时，步伐会放慢，每个人都小心翼翼地，有的官兵会下马用手扶着麦秆，小心地经过麦田，没有一个人敢践踏麦子。有时，官兵们看到路旁有倒伏的庄稼，还会把它们扶起来，真正做到了尊重老百姓的劳动成果。老百姓对此举都看在眼里，对曹操的做法赞叹不已。

　　有一天，曹操骑马路过麦田时，看着一望无际的金色麦浪，心里很

123

高兴。突然，从田野里猛地飞出一只鸟儿，从曹操的马头上飞过，马受到惊吓，蹿入了田地，踏坏了一片麦田。

面对这一意外情况，曹操立即召唤了执法官，要求对自己的行为进行惩处。官员为难地说："丞相，按古制'刑不上大夫'，您不用治罪的。"曹操生气地说："如果大夫以上的官员可以逃避法令的惩罚，那制定法令不就没什么用了吗？况且这一法令是我亲自制定的，我不遵守，怎么让将士们遵守呢？怎能服众？"他随即抽出腰间的佩剑要自刎，大家一看此情景都急忙阻拦。

执法官面对这一情况也非常紧张，他想了想说："古书《春秋》上说，法不加于尊。丞相身居要职，统领大军，如果按军令处罚，那谁来指挥打仗呢？再说朝廷和老百姓也离不开您！"

曹操沉思了好久说："既然古书《春秋》上有'法不加于尊'的说法，我虽有重任在身，但是我要对自己立下的法令负责。"随后，他就用剑割断自己的头发说道："那就用我的头发来代替我的首级吧，以示对我的惩罚！"曹操又派人传令下去：丞相践踏麦田，依据律令本该斩首示众，但由于重任在身，只能割发代首。

古人认为，头发是从父母那里继承来的，是不可以随便割掉的，否则会被视为大逆不道、不尊不孝。当时的曹操作为封建社会的政治家，能够做到严于律己，实在是难能可贵啊。

鉴历史 得智慧

曹操作为军队的统帅，要以身作则严守军规，只有这样才可以服众，才能建立起自己的威信，因此他必须充当一个铁面无私的人物。可见，成就大事者之所以能够成功，与他们以身作则、坚持公平的原则是分不开的。

　　我们生活在这个竞争的时代，不管做什么事，首先应该把"公平"二字摆在最前面。如果因为身为领导而为所欲为，那么领导的位置就会摇摇欲坠。以身作则非常重要，要知道领导是所有员工的榜样，要想让员工做到什么事情，领导不能光说不做，应该从自己做起，这样既可以聚拢人心，又可以树立在员工中的威望。

王导谦和治国

　　王导是东晋时期著名的政治家，担任过丞相一职。王导与司马懿的曾孙司马睿建立了深厚的友谊，两人关系密切。南渡后，王导依赖南渡的北方士族，团结江东大族，协助司马睿成功创建了东晋政权。王导历任三朝，不仅确保了国家的长期稳定，也印证了他卓越的治国理念和才能。

　　西晋末年，经过"八王之乱"及"永嘉丧乱"后，北方大片土地落入胡人之手。面对此变故，北方士族大多选择南迁，史称"衣冠南渡"。

　　西晋灭亡后，王导积极出谋献策，团结南北士族，共同拥立司马睿为帝，即晋元帝，建立东晋政权。当时江南地方大士族，并不看重司马睿，认为他所创立的政权会是昙花一现，因此不来拜见他。

　　面对这个不利情况，王导想到了一个办法。这年三月初三，司马睿乘肩舆出游盛具威仪，而王导、王敦和其他北方南下的大族名流都骑马随从，一行人声势浩大，街上的行人也都纷纷驻足叩拜，这当即就提高了司马睿的威望。江南有名的士族地主顾荣等听到这个消息，颇为震惊，怕自己怠慢了司马睿，纷纷来拜见司马睿。这一来，司马睿在江南士族中的威望就提高了。

　　随后，王导建议司马睿拉拢地方名士顾荣和贺循，以获得更多人的支持。王导积极运作，在他的劝说下，顾荣、贺循都做了东晋王朝的官员。从那以后，江南大族纷纷拥护司马睿。

司马睿在建康站稳脚跟后，深感王导之功。他对王导说："你真是我的萧何啊！"朝野上下也称呼他为"仲父"，可见其地位之高。但是王导始终保持谦逊的态度，致力于国事，不追求名利。

在晋元帝即位的典礼上，王导联同其他文武官员都来宫中朝见。晋元帝见到王导，从御座上站了起来，把王导拉住，恳请他与自己共坐御座，以接受群臣的跪拜。此举令王导感到极为震惊。他推辞说："臣何德何能能够享有这样的荣耀呢？臣不敢与太阳争辉。"因此再三推辞。晋元帝也不再勉强。晋元帝深知，他能顺利继承帝位，乃是倚赖王导及其兄弟王敦的支持。因此，他对王氏兄弟格外尊敬，王家的子弟中，很多人都被封了重要官职。当时，民间盛行这样一句话："王与马，共天下。"意思就是王氏同皇族司马氏共同执掌着东晋王朝的大权。

但王导对东晋皇室忠诚无比，面对其堂兄王敦企图篡权的野心，他坚定地反对和遏制，最终阻止了这一阴谋。王导历仕元、明、成三帝，在明帝驾崩后，他和庾亮共同接受了遗诏，肩负起辅佐幼小的成帝的重任。尽管有人散布谣言试图离间二人的关系，声称庾亮可能举兵反叛。王导却坦然地说："吾与庾亮休戚与共，悠悠之谈，宜绝智者之口。则如庾亮若来，吾便角巾还第，复何惊哉！"这种豁达的态度反映了王导淡泊名利、不计较个人得失的品质。他以其宽容与忍让的胸怀，有效调和了南北士族之间的矛盾，基本上维护了和谐共处的局面，为东晋政权的稳定贡献了重要力量。

鉴历史 得智慧

从这个故事中可以看出，有雅量，淡泊名利，对朋友坦诚真挚，无疑是为人处世需要坚持的重要原则。在现实生活中，一个人对待名利的态度也从侧面反映了他个人修为的高度，也是其职业操守和道德水准的具体体现。一个人不被名利所左右，凭借自己的力量埋头苦干，才能为成功打下基础，才能使未来的成功之路走得坚实可靠。同时，对待名利采取不争的态度，才能赢得他人的尊重，得到他人的赞扬。

为国推贤选才的杨溥

明朝时期，朝中有三位著名的阁老，因为他们都姓杨，因此被称为"三杨"，杨溥便是其中的一位。

杨溥为官清廉，知人善用，作为大学士，又身处最高决策之位，始终坚守公正，未曾利用职位谋私。然而，他的儿子却偏好奢华，能力有限，不足以堪当大任。基于这些原因，尽管父亲是朝中重臣，其子却未踏入官场，而是留在了家乡。久而久之，杨溥儿子的朋友们就对他说："你父亲如此权势显赫，而你却在家乡碌碌无为，你难道就满足于平凡的乡村生活吗？你何不去京城找你父亲，向他讨要一个官职？"杨溥的儿子被这些话所动摇了，于是便以探亲之名启程前往京城。

途中，由于其父亲的高官地位，杨溥的儿子受到了沿途官员的热烈欢迎和殷勤接待。这些官员都希望在杨溥儿子面前留下良好的印象，以免他儿子见到杨溥后进什么谗言。但是有些官员却不热衷于巴结杨溥的儿子，杨溥的儿子便记下了这些人，以便日后向其父汇报。

当杨溥与儿子重逢时，杨溥心中很高兴。他询问了儿子路上的情况，然而他所关心的不是儿子的旅途是否劳累，而是他在所经过的州县中，官员们的表现是否良好。杨溥的儿子也早有话要对父亲讲，见父亲问起，他抓住机会说道："我从江陵路过时觉得那里有个县令特别不好。"听到儿子的话，杨溥连忙追问原因。儿子说道："那里的官员待我简慢失礼，简直就是不把你看在眼里。那个官员是天台县的县令

129

范理。"

杨溥儿子心里想的是，父亲肯定会为他打抱不平，也会罢免那个范理，这样一来，他就可以代替范理当官了。听了儿子的告状，杨溥知道儿子喜欢奢华，讲究排场，看来那位范县令显然是一位不讲铺张奢侈，不愿迎合权贵，诚实正直的官员。儿子的不满，正可见范理的贤明。随后他派出亲信去考察范理的能力、业绩。通过考察，正如他所想那样，范理是一位勤勉朴实、爱民如子的好官，更重要的是，他不畏强权，多次为百姓主持公道，甚至冒犯过上级。在得知这一切后，杨溥立即向皇帝推荐范理，并建议晋升范理为德安府知府。

事后，杨溥严肃地教训了他儿子一番，然后就让他回家了，依然没有举荐他做官。

杨溥居高位而不以权谋私，面对儿子借其名作威作福，没有简单地听从了事，而是针对儿子的性格和各种情况综合分析，重用了有能力的朝臣，可谓一举数得。

鉴历史 得智慧

自古以来，许多官员往往会根据家人或亲信的偏好来决定人际关系的远近与职位的分配。然而，杨溥却采取了不同的做法，不以儿子的好恶为依据，为国推贤选才。这既是为官用人的榜样，又是善于治家教子的楷模。在举世浑浊的封建官场中，杨溥此举诚为不易。

王秀之与人无争的处世之道

王秀之，字伯奋，出身于山东临沂的一个显赫家族。

他的祖父王裕，曾任南朝刘宋左光禄大夫，仪同三司。父亲王瓒之，曾任金紫光禄大夫。王裕当官的时候，徐羡之、傅亮是朝中权臣，王裕却不与他们往来。当徐羡之和傅亮因权势过大被皇帝所杀时，王裕由于保持了适度的距离而未受牵连。此后，王裕辞去官职，隐居于吴兴，并告诫其子王瓒之应追求一种与人无争的生活状态。

王瓒之遵循了父亲的教诲，虽然做到了工部尚书这样的官，却始终没有巴结一个朝中权贵。

父祖的影响、家庭的熏陶使王秀之也养成了谦逊与自制，不媚上、不贪利的品格。

南朝刘宋时，王秀之任著作佐郎，太子舍人。当时褚渊担任权威极大的吏部尚书，深受宋明帝的厚爱，百官对他也非常敬佩。每次朝会，公卿官僚以及外国使节，无不对他延首目送。褚渊看到王秀之气度优雅，神情秀逸，很喜欢他，便有意使王秀之成为自己的女婿，以期结成政治联姻。吏部尚书在当时专管官吏的考核、奖惩、提拔，权力很大。做吏部尚书的女婿是一般人求之不得的事。但恪守家教的王秀之，却未应允此门亲事，因而长期仅居微职。

后来，王秀之做了太子洗马，桂阳王刘休范想征召他任司空从事中郎。时逢明帝刚刚驾崩，作为皇族长辈的刘休范，本有志于角逐辅政之位，然而终究未能如愿。心怀不满的刘休范开始在辖地内招募勇士、强化军备，且积极招揽人才，蓄谋不轨。敏锐的王秀之洞悉了刘休范的叛乱图谋，预见到其必将发难，以有病在身为由，婉拒其征召，避免了卷入其中。

刘宋末年，王秀之担任晋平太守之职。晋平是个富饶之地，在这里当官的人可以轻松获利。然而，王秀之仅在此职位上短暂任职一年后，便主动向朝廷请辞，表示自己已获得足够的俸禄，不应长期占据此职，阻碍国家吸纳其他贤士，因此，他被人称为"恐富求归"的太守。

南朝萧齐时，王秀之担任太子中庶子，吏部郎，又出任义兴太守，迁职为侍中祭酒，后来又转任都官尚书。在其任尚书期间，尽管顶头上司为王俭，王秀之始终与其保持了适度的距离，不与王俭来往过密。

鉴历史 得智慧

王秀之与人无争、与世无争，这看似是一种消极的避世思想和无奈的做法，但实际上恰到好处的"与人无争"，是一种恬和冲淡的心态，一种知晓进退规则之后的释然。在这个纷繁复杂的世界中，培养一颗平和之心是非常难得的。事物演变自有其规律，过于刻意追求，往往会适得其反。王秀之的可贵之处在于堂堂正正做人，老老实实干事，无论是做小官还是赴重任，都不卑不亢，不媚上、不欺下，"心底无私天地宽"。

第五章

胜而不骄，败而不馁

戒骄戒躁的柳公权

柳公权生于世代书香门第，他的父亲是一代名儒，精通史书，其母亦才情横溢，诗词文章造诣匪浅。其兄长柳公绰，因博学直谏初任校书郎，并逐步升至渭南县尉、开州刺史，终成太子太保。在如此氛围熏陶下，柳公权从小就养成了刻苦学习的习惯。在他年幼时，他见父母捧着书本读书，便要读书，见父母拿着笔写字，也要笔写字。父母见他求知心切，就教他读书和写字。

后来，大家发现柳公权极具书法天赋，在其伯父的点拨下，柳公权便入门了，而且练习十分刻苦，进步也很明显。对于读经书、写文章和练习书法而言，柳公权更偏爱书法。因此，十二岁时他不但在诗文上已取得卓越成就，而且其书法作品早已名声远扬，吸引了诸多知名人士及学者前来鉴赏，且对其作品赞誉有加。

在周围人们的赞誉声中，小公权逐渐萌生出自满的心态。不论是背诵诗歌、撰写文章，抑或是其他各类活动，一旦无法超越他人，他便提出要以书法一决高下。即使在与人交流或与孩童们嬉戏之时，他也将话题引向书法，以此彰显自己的优越性。父母及兄长均有所察觉，并多次对其行为提出指正。然而，虽然小公权表面上似乎接受了批评，内心实则并不认同，依旧我行我素。

有一天，小公权在和几位小伙伴玩将军骑马的游戏。他争强好胜，要当将军，让其他孩子给他当马骑，遭到其他孩子的拒绝，他便要和他们比书法，他说谁写得好，谁就当将军。说完后，他不管其他孩子同意不同意他这种比赛方法，就迅速从兜中掏出纸来，铺在地上，又掏出笔墨，便写了起来。恰在这时，一位卖豆腐的老汉走了过来，对小公权傲慢的做法很是不满，于是把豆腐挑子放在地上，走过来看他写字，准备好好地教育教育他。

小公权写完一篇之后，抬起头正要对其他小伙伴炫耀，却看到一个老汉也在看他写字，便主动地将自己写的字递给老汉说："老伯伯，我叫柳公权。"老头接过他写的字，纸上写着："会写飞凤家，敢在人前夸。"老头觉得这孩子太傲慢了，皱了皱眉头，沉吟了一会儿，才说："我看这字写得并不好，不值得在人前夸。这字似我担子里的豆腐一样，缺乏筋骨，形态虚浮，不应轻易夸赞。"小公权听了老头的话很生气，不服气地说："大家都说我的字写得好，你却不这样认为，有本事你写几个字让我开开眼。"老头爽朗地笑了笑，说："我老汉是一个粗人，怎么能写好字呢？但是我知道，有人用脚写都写得比你好得多呢！不信，你到华原城里看看去吧！"

小公权很生气，想到竟然有人会用脚写字，而且比他写得还要好，就决定要去看看那个用脚写字的人。

华原城离他家有40多里路，第二天，他五更就起来了，悄悄给家里人留了个纸条，背着馍布袋就独自往华原城去了。

抵达华原城后，他在南门附近的北街上，发现了一棵古老的槐树下挂着一块白布招牌，上面以雄健且流畅的笔触写着"字画汤"三个大字。众多围观者聚集于此，他被这热闹的场景所吸引，挤入人群一探究竟。他看到一个身形消瘦、双臂缺失、赤足坐地的老翁正在创作对联，他用左脚固定纸张，右脚则熟练地夹持着毛笔挥洒自如，笔下的字迹龙飞凤舞，引得旁观者阵阵喝彩。

柳公权意识到卖豆腐的老翁所言非虚，内心充满了羞愧。他深感自己的书法技艺与这位被人们称为"字画汤"的老者相比有着天壤之别。他"扑通"一声跪在"字画汤"面前，说："我愿拜您为师，我叫柳公权，请收下我，愿师父告知我写字的秘诀……""字画汤"慌忙放下脚中的笔，说："我只是个孤苦的残疾人，生来没手，干不成活，只得靠脚巧混生活，虽能写几个歪字，怎配为人师表？"小公权一再苦苦请求，"字画汤"才在地上铺了一张纸，用右脚提起笔，写道："写尽八缸水，砚染涝池黑；博取百家长，始得龙凤飞。"

随后，"字画汤"向他传授了其一生的书法心得：自幼用脚书写，经历五十余年风风雨雨，耗尽八大缸水，洗砚墨水至令家外半亩大的池塘水变为墨色。他谦虚地表达了自己虽经年累月苦练，但书法之路仍旧漫长。柳公权把老人的话牢牢地铭刻在心里，他深深地谢过"字画汤"，就依依不舍地回去了。

自此以后，柳公权时时把"戒骄"记在心中，勤奋练字，虚心学习，手上磨起了厚厚的茧子，衣肘补了一层又一层。他学习颜体的清劲丰肥，也学习欧体的开朗方润，同时还学习"字画汤"的雄劲豪放，也学宫院体的清秀妩媚。靠着不骄不躁的心境，加上长年累月的学习，柳公权终于成为一代书法大家。

鉴历史 得智慧

"骄傲使人落后，谦虚使人进步。"我们也应谨记，时刻保持谦虚之心，才能一直进步。

屡立奇功，胜不骄的霍去病

少年英雄霍去病，自幼就展现出了异于常人的武术天赋，他腿脚利索，臂力过人，在他的舅舅卫青的严格要求下，他的武功有了显著的提升。他用的"八面威风"拳法，一个鱼跃腾空，拳脚并举，只听他大喊一声"嗨"，瞬间中心开花，木支架上的四只沙包，一下子就出现了四个大窟窿。在场的教练们无不称赞，他们向霍去病竖起大拇指，赞赏他身手不凡。

有一天，霍去病独自外出时，偶然发现城墙之上的告示，上面写道：匈奴侵略边境，边关情况危急！广招天下英雄豪杰，三天后校场比武……霍去病心想："保卫国家，人人有责，我自幼习得精湛武艺，理应挺身而出，为国效力。"于是，他决定前去校场比武。

回到家里，霍去病和母亲说了自己的想法，母亲让他去征求经验丰富的卫青的意见。然而，卫青却坚决反对，他说："战场上刀剑无情，你若是有个三长两短，我怎么向你母亲交代！"霍去病说："舅父大人，自古忠孝难两全！现在边关紧急，正是我为国立功的好机会啊，否则您教了我这么多的武功，有什么用呢？"霍去病还没说完，卫青就打断他的话，大声说："再说了你现在尚未成年，按照规定，你不能参军！"霍去病看舅舅这样坚决，没有办法说服他，心中十分不悦，只得耷拉着脑袋回家了。

三天后，军营校场旌旗飘扬，人声鼎沸，两侧的擂台上挂着"拳打南山猛虎，脚踢北方匈奴"的条幅，汉武帝和大将军卫青莅临现场观摩这次比武。三通鼓响之后，一个身材魁梧的武术教头跃上擂台，自我介绍说："我是武术教头，我姓刘，希望和各路英雄好汉较量一下！"接着台下一连几个年轻的小伙子上台和刘教头比武，但全都被他击败了。

刘教头不禁开始得意起来，挑衅地说："怎么样，还有谁不服，上来一决高下！"话音刚落，突然看到人群中一个身着黑衫的人跳上擂台，说道："你休要猖狂，看看我的本领再说不迟！"说着，他猛地向刘教头挥出拳去。两人刚刚交手三四个回合，黑衫人大喊一声："嗨！"一个鱼跃腾空，飞起一脚把刘教头击倒。黑衫人立即扶起刘教头说："前辈，得罪了，我无意冒犯！"顿时，台下爆发出阵阵欢呼声。接下来比试马术和射箭，黑衫人同样表现出色，力压群雄，赢得了场内观众的满堂喝彩。

汉武帝看黑衫人身手如此不凡，越看越喜欢，不住地对身旁的卫青夸奖这个黑衫人。比试完毕，汉武帝亲自会见了比武的壮士，他指着那个黑衫人说："这位壮士，为何不抬起头？"黑衫人伏在地上说："小人不敢抬头！"汉武帝不解，问道："为什么呢？"他说："小人犯了欺君之罪。"汉武帝说："你尽管抬头，朕赦免你就是。""谢皇上。"说着，黑衫人撕去粘在脸上的假胡子，露出一张稚气未脱的娃娃脸——"啊！原来是霍去病！"大家都吃了一惊。霍去病赶忙向汉武帝表明自己要求从军的原因。对于这位年轻壮士的雄心壮志和爱国热情，汉武帝给予了高度的赞扬，并正式批准了他的从军请求，同时对他寄托了殷切的期望。因此，年仅十七岁的霍去病便随卫青将军踏上了前往边疆的征程，共同抵御匈奴的入侵。

有一次，将领们一起探讨下一步的作战计划，霍去病提出了一项胆大的策略：深入敌后，打他个措手不及。这一提议得到了刘教头的支持，他在边疆地区有着丰富的经验并表示愿为先锋。因此，卫青将军决定拨给霍去病800名精锐轻骑兵迂回前进，准备前后夹攻，一举歼灭敌人。经过三天三夜的急行，他们跨越了险峻的山谷，却不料进入了一片沙漠。霍去病问："刘教头，这是怎么回事？"刘教头不语，此时，一队匈奴骑兵突然出现。霍去病大喊："冲啊！杀了匈奴兵！"此时天空飘来一片乌云，顷刻间狂风大作，天昏地暗。风沙过后，匈奴骑兵早已不知去向，霍去病大喊："糟了，我们只顾恋战，误中奸计，陷入了沙漠，这该如何是好？"刘教头双手一摊，说："小将军，我也无计可施，烈日炎炎，缺水少粮，大家的斗志都被消磨光了。"

这时，刘教头突然翻身上马，从马身上取出一只暗藏的羊皮水袋，拧开羊皮水袋的盖子，一仰脖子，"咕咚咕咚"连喝了数口，喝完大喊道："汉军兄弟们，我认识路，快跟我走，要喝水活命的就跟我去投奔匈奴单于！"霍去病大吃一惊："啊，原来他是匈奴的奸细。"于是他飞身上马去追刘教头，刘教头边跑边喊："你们就要没命啦，快投降吧！""哼，你这个无耻的卖国贼！"霍去病拉弓搭箭，瞄准刘教头的后背，"嗖"的一声，刘教头立时被射下马来。霍去病从他身上搜出一张沙漠地图和一封密信，信上写道：诱敌深入，将汉军困在沙漠，再使计招降或全歼之。霍去病心想："好毒辣的阴谋！"他随即命令部队迅速调整方向，朝西南方前进。通过这次英明的决策，霍去病率领的汉军成功地从敌后发起进攻，对匈奴军队实施了致命的打击，最终大获全胜。从此，霍去病便威名远扬。

经过多年连续的战争，霍去病统军先后击破匈奴数十万之众，因其功勋卓越，被赐封为骠骑将军。在长安，汉武帝特地为其营建了一座豪华府邸，但霍去病却推辞说："陛下，未完全平定匈奴之前，我无颜安家立宅，这府邸臣不能领受！"

鉴历史 得智慧

　　自幼立志驱逐匈奴保卫国家的霍去病，不仅以无畏的胆量和过人的才智将匈奴赶至边境之外，而且面对取得的成就，他并未沉浸于自我陶醉之中，反而谨慎且谦和地拒绝了皇帝的赏赐。

　　个人取得一项成绩或许并非难事，但在成功之后保持谦虚，不懈追求自己的理想与目标，则是一种难能可贵的品质。只有持之以恒地奋斗，方能真正实现自身的抱负而给后人树立学习的榜样。

三人行，必有我师

一天，纪晓岚被乾隆皇帝召见，要求为科场撰写一幅含义三重的匾文，纪晓岚当即应诺，随口拟出几句，乾隆听后都不满意。纪晓岚只好接着搜肠刮肚地思索，但是始终没有想到一个满意的匾文。面对挑剔的皇上，他急得满头大汗。

乾隆见一向对答如流的风流才子，今日也有江郎才尽的时候，坐在那里偷笑，却故作怒色说道："好吧，你先回去，朕命你思考一日，明日再答复，若不堪任用，朕要将你贬为庶民。"这可把这位恃才傲物的河间才子吓了一跳。他忧心忡忡地回到家中，一头扎进书房里，不辞劳苦，翻阅大量书籍，寻找灵感，力图创作出能体现深厚文化内涵和满足皇帝要求的匾词。他冥思苦想写了几十条匾词，但仔细审视，却没有一条满意的。向来以才高八斗、学富五车著称的纪晓岚，今日绞尽脑汁，却想不出一条好语，他急得茶饭不思。

子夜已到，他仍在书房中写作。纪晓岚的妻子马月芳见他没有吃晚饭，定有什么忧愁之事，几次打发丫鬟过来探望，都回说老爷愁容满面，焦躁异常。马月芳推测必有重大之事，遂命人备好餐食，亲自携至书房以探询原因。

纪晓岚叹息着向妻子阐述了当日遭遇的难题。然而，马月芳听后竟忍不住笑出声来，这令纪晓岚感到恼怒，认为妻子不仅无助于解决问题，反而取乐于他的困境。察觉到丈夫的误解，马月芳解释说："你真是聪明一世，糊涂一时，现成之语，为何不用呢？'天子重英豪'这一句，岂不恰切无比吗？"

听到这番话，纪晓岚顿时喜形于色，恍然大悟，自嘲地轻拍自己的额头，感慨道："唉，我尚且不如一位女裙衩啊！"随后，两人相视一笑，纪晓岚才意识到自己饥肠辘辘，连忙狼吞虎咽地吃下夫人送过来的晚饭，然后一觉酣睡到天明。

第二天，纪晓岚在朝堂上，满怀自信地将"天子重英豪"一句献予乾隆，乾隆果然大喜。原来这是人们熟知的一首诗中的句子，诗云：天子重英豪，文章教尔曹。万般皆下品，唯有读书高。用了这头一句，下面这三句之意，自然就联想起来了。皇上所限之意，也尽在其中了。

当被问及如何想出此句时，纪晓岚向皇帝详细解释了前夜夫人马月芳的提示。皇上听着有趣，便接着说道："你的学识出众，勤于学习且善于提问，得益于众多的师友。然而，今天我才知道，你竟然是夫人马氏一门生啊！"皇上说完哈哈大笑。纪晓岚听后羞愧难当，但他很快正色回答道："古人云，圣人无常师。道之所存，师之所存也！"乾隆听后，忙说："说得好，说得好，道之所存，师之所存也！"

一代风流才子纪晓岚苦苦思索也想不出来的匾文，其夫人马月芳却毫不费力气地想到了，一句"天子重英豪"，妥帖确切，深得乾隆皇帝的赞赏。

鉴历史 得智慧

孔子说："三人行，必有我师焉。"这正如纪晓岚所说的道之所存，师之所存也。闻道有先后，术业有专攻，身边的每个人都可能成为我们的老师，所以要不耻下问，以一种虚怀若谷的态度向身边的人学习。只有博采众人之长，才能真正做到学识超群。

少年铁木真的逆袭之路

南宋绍兴三十二年(1162年)，蒙古乞颜部孛儿只斤氏首领也速该的妻子月伦生下一子，也速该给新生儿取名为"铁木真"，蒙语的意思是"铁之最精者"，希望他将来成为如同精钢般坚韧和勇敢的男子。这个孩子就是后来的元太祖成吉思汗。

也速该十分宠爱铁木真，在铁木真9岁时，也速该亲自到斡勒忽讷惕部为铁木真去求亲。在返回途中，遇见塔塔儿人在聚会，塔塔儿人诚意邀请也速该参加他们的宴会，谁知在这次聚会上塔塔儿人竟然毒死了也速该。也速该家族的权力全被泰赤乌氏部族所夺取。从此，铁木真母子过着衣不遮体的悲苦生活。

泰赤乌氏族的首领害怕铁木真长大后会找自己报仇，带人把铁木真抓去，给他戴上手枷和头枷，四处游街示众。面对如此困境，铁木真并没有轻言放弃，他抓住泰赤乌氏人举行宴会的机会逃走了，隐入茂密的森林里，后来又潜入斡难河水中隐蔽。泰赤乌氏的属民锁儿罕失剌发现了铁木真，偷偷对铁木真说："他们怕你会复仇，所以要杀了你，我看你像个人才，你就藏在这里，我不泄露给别人。"他说服部众，停止了搜捕。第二天，无法脱身的铁木真又找到锁儿罕失剌，请他帮助自己逃走。锁儿罕失剌的儿子让他藏在装满羊毛的车上，并嘱咐妹妹合答安好好照料。在锁儿罕失剌救助下，铁木真成功脱险并与母亲团聚。

后来，为了家族复兴，铁木真迎娶了来自宏吉剌部兼具美丽与智慧的孛儿帖。为了重振家业，他决定寻求更强大的盟友。他与弟弟哈撒儿和别勒古台一道来到土兀剌黑林（今属蒙古国），找到他父亲的至交克烈部首领王罕，向他奉献了礼物，并尊王罕为其父，表示愿意投靠王罕。王罕接受了他的请求，答应全力支持他们。

在王罕的保护下，铁木真积累力量，其麾下汇聚了众多英勇的勇士，逐步形成了一支强大的队伍。他还不断暗暗地收集部众，积蓄着复仇的力量。

但就在他的羽翼未丰的时候，铁木真遭到了蔑儿乞人的突然袭击。因为寡不敌众，他们被迫逃入山中，但他的妻子孛儿帖被敌人俘获。面对这样的局面，铁木真并不气馁，他积极想办法。随后，铁木真请求王罕援助自己，依靠王罕的力量，铁木真趁蔑儿乞人毫无防备时发动攻击，成功取胜，并救回了当时已怀有身孕的妻子孛儿帖，不久后得子术赤。经过这次战争，铁木真的力量逐渐壮大起来。

一两年后，铁木真摆脱了对王罕的依赖，自主建立了独立的营地。铁木真不问出身，吸引了很多弱小的氏族，被大家拥戴为领袖。

铁木真的影响力日益扩大，一些原来有名望的乞颜贵族也向铁木真靠拢。合不勒汗的长支主儿乞氏的撒察别乞，也速该之弟答里台斡惕赤斤，兄捏坤太子之子忽察儿等人不愿过寄人篱下的生活，挟其部众回到铁木真身边。他们在部族长联合会议上，共同推举拥有较强势力的铁木真为可汗，并表示服从。

铁木真因此立即建立起了一套巩固自己统治地位的制度。他任命最早追随他的亲信那可儿博尔术和折里麦为总管，并分设了带弓箭的、管饮膳的、掌管牧羊的、管修造车辆的、管家内人口的、管带刀的、掌驭马的、管牧养马群的、负责远哨近哨的和守卫宫帐的等十种职务。担任这些职务的人员，除其弟外几乎全是他的亲信。通过这套制度，铁木真形成了一个功能齐全、分工明确的军队组织结构。他制定并实施严格的纪律和制度，以便使他们更适合于大兵团活动，从而为统一蒙古奠定了基础。

鉴历史 得智慧

铁木真的少年时期充满了艰险与挑战。这些经历犹如锤炼的火焰，塑造了他坚毅勇敢的品质。面对家族的深仇大恨，他选择了忍辱负重，默默地积蓄力量，等待翻盘的机会。铁木真的故事告诉我们，无论前方有多少困难，我们都要坚持下去，因为只有这样，我们才能看到那一片属于我们的天空。

"少小也曾锥刺股"的徐悲鸿

徐悲鸿是中国现代美术事业的奠基者，也是杰出的画家和美术教育家。他于1895年生于宜兴县一个贫寒的教师家庭。早年，他的生活十分艰辛。1932年，他在一幅作品题诗中曾说"少小也曾锥刺股"，以此来形容他年少时期的艰难生活。

徐悲鸿的父亲是一位半农半读的村塾教师，也是一位乡村画师。徐悲鸿六岁起先跟父亲读书，七岁时因为时时看见父亲画画，便对画画产生兴趣，尽管他的父亲认为他年纪太小，不适合学画，但徐悲鸿对绘画的热爱并未消减。有一次，他念书念到"卞庄子刺虎"的故事时，就偷偷地求人画了一只老虎，自己依着样子描绘。在他九岁的时候他的父亲在看到他对绘画如此热衷后，开始教他摹仿当时流行的《吴友如画本》，这就是徐悲鸿学画的起初。

徐悲鸿在十岁的时候就能帮他的父亲在画上不重要的局部添染颜色。然而，生活的压力使他在十七岁时就辍学，去中学教授图画以协助家用。十九岁那年，他的父亲去世，家中负债累累，弟妹需要供养，面对家庭的变故，他并没有气馁，而是在县里的三家学校教课以维持全家的生活。

沉重的家庭担子压不住他上进的决心，徐悲鸿又毅然赴上海深造美术。他尝试向《小说月报》投稿画作，希望能以此换取生计所需的金钱，但遗憾的是作品被拒之门外。他那时借居在一家赌场里，白天用功，晚上等客人散了，才摊开铺盖在赌桌上睡觉。那时，他经常吃不到饭，也找不到工作。徐悲鸿甚至为此有过自杀的念头。据他后来回忆，他曾经狂奔到黄浦江边，发泄自己对生活的不满。混浊而奔腾的江水汹涌地冲击着江岸，轮船的汽笛声锋利地吼叫着，他解开衣襟，让无情的风吹打他年轻的身体。当一阵寒冷的战栗从脚跟渐渐传递到全身时，他才清醒地意识到："一个人到了山穷水尽的地步而能自拔，才不算软弱啊！"

1915年，当人们都在用锣鼓爆竹迎接新年的时候，青年徐悲鸿却忍受着饥饿给一家"审美书馆"出版社用颜色填染单色印刷的杂志封面。为了这微薄的报酬，他的肚子已经空了好几天了。

1916年，徐悲鸿考进震旦学院，攻读法文。他是穿着在父亲死后的丧服，噙着眼泪怀着沉重的心情踏进这个学校的。

此后，徐悲鸿的作品渐渐受到社会的关注。除了高剑父兄弟外，他也得到了当时著名的文化名人，如康有为和蔡元培等的鼓舞和大力支持。1918年，23岁的青年徐悲鸿已经被聘为北京大学"画法研究会"的导师，又得到北洋政府的教育总长、大学者傅增湘(沅叔)先生的协助，派他到法国去留学。可是出国不久，因为内战，他的经济来源就断绝了。他经常以面包与白开水为食，且坚持进行每天超过十小时的工作。他用功熬炼素描，临摹古代的名画，并致力于国画和油画的创作，还给书店画书籍插图及写一些散稿来维持生活。就是靠着这样不怕吃苦的精神，他克服重重困难终于在绘画领域有所作为。

徐悲鸿的美术作品不仅体现了传统与现代、东方与西方技法的深刻融合，更彰显了他在艺术创作上的精湛技巧与深厚修养，在我国美术史上起到了承前启后、继往开来的巨大作用。他擅长素描、油画、中国画，并且把西方艺术手法融入中国画中，创造了新颖而独特的风格。他的素描和油画则渗入了中国画的笔墨韵味。他的创作题材广泛而丰富，从山水、花鸟，到人物、历史乃至神话，笔触所及无不透露着灵动的生命力和深刻的艺术内涵，每一幅作品都栩栩如生，充满了艺术魅力。

鉴历史 得智慧

在艺术创作的世界里，徐悲鸿如一位永不言弃的战士，即便面对巨大的压力和挑战，他的心中依旧燃烧着对绘画艺术的无尽激情。他不断追求卓越，努力提升自己的美术造诣。徐悲鸿用行动证明了：无论多么艰难困苦，热情与坚持总能创造出永恒的艺术奇迹。

狐偃借还白玉讽喻重耳得意忘形

在古代，一个有聪明才智和远见卓识的人，如果能得到圣君明主的信任和重用，君臣共同努力，往往能实现定国安邦的宏图伟业。

春秋时期晋文公逃亡和重返晋国并当上国君，就离不开狐偃这个人的功劳。

当时，晋献公年老时宠爱妃子骊姬，并想立骊姬所生的小儿子奚齐为太子。这一决策导致原来的太子申生被杀。晋献公的另外两个儿子重耳和夷吾感到自身处境危险，因此选择逃离晋国以避难。

晋献公去世后，晋国发生内乱。后来，夷吾回国并夺取了君位，就是晋惠公。晋惠公当上国君后并不放心，为除后患，派人到狄国刺杀藏匿在此的重耳。得到消息的重耳连夜离开狄国，带着狐偃等人，再次逃难。

他们一路逃跑，风餐露宿，在任何地方都不敢停留过久。在逃跑过程中，他们粮食不够吃，衣服穿不暖，只得靠野菜充饥，最难熬的时候甚至要靠乞讨度日。

但在整个逃难的艰苦岁月里，狐偃紧紧跟随公子重耳，帮他跨过道道难关，最后到达秦国。到秦国后，秦穆公一心想要帮助公子重耳回晋国做国君，便于公元前636年出动大军，亲自护送重耳返回晋国。

到了黄河岸边，秦穆公分一半人马送给重耳渡河，自己则留一半人马在黄河西岸接应。

上船的时候，随从把逃难时用的物品全都搬到船上，一样也舍不得扔掉。重耳见此情景，哈哈大笑。

他扬眉吐气地说道："我回去做国君，还不是要什么有什么，你们还把这些破破烂烂的搬到船上做什么？"说罢便吩咐人们把东西搬回岸上。随从们于是七手八脚地又把这些东西扔到岸上，之前穿过的破衣旧裤则被丢到河里。

忠心耿耿的狐偃把这一切看在眼里，心中不免十分难过。他想，公子尚未得富贵，便先忘贫贱，如此心性，将来怎么会是个好君主？

于是，狐偃把秦穆公送给他的一块白玉拿出来，郑重地对重耳说："如今公子过河，对岸就是晋国。您内有大臣辅佐，外有强秦支援，我就留在这里吧。现奉上这块白玉，以表我的心意。"

重耳一听狐偃的分别之语，十分诧异，他说："我现在执掌晋国在即，全靠你们鼎力帮助才有今日。大家在外面吃了19年的苦，现在回去，正好享福，你怎能不回去？"

狐偃说："以前在患难之中，我对于公子还有些用处。现在公子回去是要做国君的，情形已经天壤之别，自然会另有一批新人使唤。我们就好比这些旧衣破鞋，还带回去做什么？"

重耳听了，恍然大悟，直怪自己不该得意忘形，红着脸，流着泪对狐偃说："这全都是我的不是，做人应该饱不忘饥。"说着他又吩咐随从把破烂东西重新装到船上。

过了黄河，打了胜仗，重耳做了晋国的国君，他就是历史上著名的晋文公。

鉴历史 $ 得智慧

想知道一个人的想法，不在于他说什么，而在于他做什么。一个人在行动上的细枝末节考量，最能体现出一个人内心的心理状态。

晋公子重耳在外流浪了十九年，在回晋国过黄河上船时决定抛弃他所有使用过的旧东西。

从这个细节上，饱经风霜的老臣狐偃已经看到了他们这群随臣的未来命运。所以，他决定不再跟随重耳渡黄河归晋。好在重耳醒悟得足够快，及时扼制了内心的狂傲苗头，避免铸成大错，终于成就春秋时期的晋国霸业。